고객이
생각하지 못한
가치를 제안하라

일등 LG DNA

고객이
생각하지 못한
가치를 제안하라

이남훈

가디언

| Prologue |

스스로 블루오션이 되는 LG,
그들의 창의적 혁신

● 　　　　지난 2010년 4월, 세계적인 컨설팅 회사인 보스턴컨설팅그룹과 미국 경제주간지 〈비즈니스위크〉는 '세계 최고 혁신 기업 50(The 50 most innovative companies)'을 발표했다. 이 조사 결과는 세계 각국의 1,600여 명에 이르는 최고 경영진들을 대상으로 혁신 제품, 고객 경험, 비즈니스 모델에 대한 설문조사와 함께 최근 3년간의 주주 수익률, 매출 성장률과 이익 성장률을 감안해 객관적으로 평가되었다. 세계 유수의 글로벌 기업들이 벌이는 각축장이라고도 할 수 있는 이 조사 결과에서 과연 한국 기업들은 어느 정도의 위상을 차지했을까?

놀랍게도 LG전자가 무려 7위에 오르면서 10위권 안에 든 유일한 한국 기업이 됐다. 삼성전자가 11위, 현대자동차가 22위를 기록함으로써 한국 기업들의 위상을 동반 상승시키기는 했지만, 역시 혁신 기업이라는 이름으로는 LG가 한국 최고임이 여실히 증명된 셈이다.

그런데 여기에는 한 가지 특이한 점이 있다. 혁신을 추진하는 많은 기업들이 대부분 대량 구조조정을 통해서 인위적인 체중조절을 감행해 성과를 달성했다는 것이다. 비극적인 상황이 눈앞에 빤히 펼쳐졌지만 '기업을 살려야 한다'는 대의명분 앞에서 직원들에 대한 배려는 그저 사치로 여겨질 뿐이었다.

그렇다면 한국 최고의 혁신 기업으로 꼽힌 LG에서도 이런 살벌한 일들이 일어났을 거라는 추측이 가능하다. 하지만 그런 일은 결코 일어나지 않았다. 가장 가까운 예로 2008년 리먼브라더스 사태로 2009년 경기침체가 전 세계를 강타했을 때를 들 수 있다. 당시 상당수 기업들이 구조조정의 칼을 빼들었으나 LG에서만큼은 그런 말조차 나오지 않았다. 2010년 말에는 언론을 통해 LG의 구조조정에 대한 설왕설래가 있었지만 그 역시 오해에 그쳤다. 오히려 경영진들이 먼저 나서서 구조조정설을 단호하게 부인했고, '안주하거나 조급해하지 말고 중심을 잡아라'라는 말을 통해 조직의 안정을 꾀했다. 혁신에 대한 떠들썩한 홍보나 직원들에 대한 으름장도 없고, 냉혹한 대량 구조조정의 칼도 없었던 한국 최고의 혁신 기업 LG. 그것은 기존의 시각으로는 쉽게 이해할 수 없는 이상한 혁신일 수밖에 없었다.

그뿐만 아니라 LG는 그룹 분리 이후에 오히려 성장세가 가속화되는 특이한 현상을 보였다. 기업 집단은 보통 뭉쳐 있을 때 더 강한 힘을 발휘하게 마련이다. 그리고 이것이 분리되어 몇 조각으로 나눠지게 되면 아무래도 과거보다 힘이 약해질 수밖에 없다.

그러나 LG만큼은 전혀 달랐다. GS와 LS, 그리고 LIG가 분리된 이후 LG의 매출과 수출액 상승은 더욱 가속화되었다. 2005년 초 GS와 분리될 때 82조 원이었던 LG의 매출은 2010년 142조 원으로 늘어났고, 302억 불이었던 수출액은 527억 불이 되었다. 정유, 건설, 유통, 전선, 금융 등 주요 사업들이 떨어져나간 상태에서 이러한 경영호조는 더욱 깊은 의미를 지닐 수밖에 없다.

더군다나 LG의 성장세는 단순히 외형만을 부풀려온 것이 아니었다. 새로운 비즈니스와 고객 가치를 창조해가면서 스스로 블루오션이 되어왔다. 지난 2009년 1월, 미국 버락 오바마 대통령은 국정연설에서 다음과 같은 이야기를 했다.

"현재 미국에서 신형 하이브리드자동차가 조립라인을 돌고 있는데 이 자동차는 한국산 배터리에 의해 구동되고 있다."

여기서 한국산 배터리란 'LG 배터리'를 의미한다. LG는 2차전지 사업에 뛰어든 후 20여 년의 끈질긴 승부 끝에 드디어 빛나는 방점을 찍을 수 있었다. '정말 끈질기게 기다려준다'는 LG 경영진들의 결단이 있었기에 가능한 일이기도 했다. 그 결과, 현재 LG의 위상은 최고의 글로벌 기업 수준이다. TV, LCD 패널, 휴대전화, 2차전지, 생활가전, 편광판 등에서 모두 선두권을 달리고 있다. LG는 다양한 분야에서 혁신을 주도하고 새로운 길을 만들며 앞이 보이지 않는 밀림을 헤쳐나온 것이다.

그렇다면 이러한 이상한 혁신과 성과를 가능하게 하는 힘이 무엇인지 궁금할 수밖에 없다. 필자가 이해한 것은 세 가지로 그중 제일 먼저 오는 것은 바로 '고객 최우선'의 문화이다. 기업치고 고객을 중요시하지 않는 회사가 없는 요즘, '그게 무슨 특별한 비결인가'라고 되물을 수 있지만 속내를 들여다보면 차이점을 발견할 수 있다. 사실 기업은 기본적으로 돈을 벌어야 하는 곳이다. 그렇다보니 많은 기업의 경우 고객 가치가 실적이라는 잣대와 부딪쳤을 때 최고의 자리를 양보하게 되는 일이 비일비재하게 일어난다. 하지만 여러 사례를 통해 만난 LG의 모습은 사뭇 달랐다. 고객 가치가 비단 소비자의 마음을 얻기 위한 임시방편의 대처가 아니라 기업 생존을 좌우하는 요소로 뿌리 깊이 자리 잡고 있었다. 다시 말해, 고객이 없다면 기업이 존재할 수 없다는 생각을 머리가 아닌 마음으로 이해하고 실천하고 있는 것이다. 지난해 스마트폰의 부진으로 기대에 못 미치는 실적을 거둔 후, 새해를 시작하는 자리에 나온 구본무 회장의 일성 또한 실적 개선이 아닌 고객 가치의 강조였다.

"지난해 일부 사업에서 우리가 겪었던 어려움은 결국 고객 가치에 대한 타협에서 온 것입니다."

그런데 이런 생각은 LG가 사업을 시작할 때부터 확고하게 자리 잡은 것이었다. 일찍이 구인회 창업회장은 고객의 중요성에 대해 다음과 같이 강조했다.

"한 분의 고객도 소중히 여기며, 고객이 원하는 것이라면 그 어떤 것이라도 실현해낼 줄 알아야 진정한 기업인이다."

창업 때부터 LG는 '고객을 위한 제품과 서비스 창조'를 자신들의 절대적인 원칙으로 삼아 지켜온 것이다. 다시 말해 LG의 초심은 단연 고객에 있다.

LG 혁신의 기반에 자리 잡은 또 하나의 생각은 '인간존중 경영'이다. LG에게 인간존중은 대외적인 표어가 아니라 그들을 발전시키고 혁신시킨 원동력이라고 할 수 있다. 하지만 '기업의 경쟁력과 인간존중이 무슨 상관이냐'는 의문이 들 법도 하다. 기업의 최종 목표는 수익을 내는 것이고, 이는 다른 회사와의 치열한 경쟁과 그 경쟁에서의 승리를 통해 성취되기 때문이다. 피도 눈물도 없는 이러한 시장에서 인간존중을 외친다는 것은 어불성설로 들릴 수 있다.

하지만 LG에게 인간존중 경영은 본질적으로 투자와 실천의 철학이라고 할 수 있다. 이는 미래를 멀리까지 내다보면서 사람에게 투자하고, 그 사람이 새로운 가치를 만들어 시장을 선도해나갈 수 있도록 한 명 한 명의 전사를 길러내는 일이다. 또 한두 번의 실패에 굴하지 않고 조직의 힘을 탄탄히 만들면서 결국 원하는 목표를 반드시 이루어내는 강한 승부근성의 방증이기도 하다. 따라서 인간존중 경영을 염두에 두지 않고서는 LG가 이제까지 해왔던 창의와 도전, 그들이 이뤄낸 놀라운 성과에 대한 해석은 불가능하다.

마지막으로 LG는 국내 그 어떤 기업보다 '정도 경영'을 해왔다. 2003년 LG는 국내 대기업 최초로 그룹의 지배구조를 지주 회사 체제로 전환시켰다. 그동안 대기업의 고질적인 문제로 지적되어온 순환출자의 고리를 완전히 끊어버리고 오로지 사업에만 전념할 수 있는 투명한 경영환경을 만들기 위해서였다. 지주 회사 전환이 시작된 지 10년이 지난 지금도 국내 기업들 중 지주 회사는 채 100여 개가 되지 않는 현실을 감안한다면 대단한 일이라고 할 수 있다.

사실 대기업이라는 말 자체가 지속적인 의심의 근원지이기도 했다. 문어발 경영, 재벌 총수, 오너 경영 등의 부정적인 단어들이 이러한 의심을 부채질한다. 그래서 일반인들은 대기업과 올바른 길(正

道)은 다른 영역이라고 생각했던 것도 사실이다. 그런데 LG는 그 누구도 과감하게 나서지 못하고 의심과 오해의 커튼 뒤에서 안주하고 있을 때, 가장 먼저 투명 경영 시스템을 스스로 만들었던 것이다.

이 책은 이렇게 LG가 오늘날 세계 최고의 혁신 기업이 될 수 있었던 근원적인 이유를 추적한다. 그것은 먼 과거로 올라가 창업회장의 '구인회상점' 당시에 형성된 그들만의 DNA를 찾는 작업에서부터, 두려움없이 새로운 시장을 개척하고 울고 웃으며 현재 LG의 성장을 견인했던 수많은 사람들의 이야기까지 관통한다. 그리고 2011년 오늘도 연구소에서, 사무실에서, 생산현장에서 일하고 있는 LG의 수많은 김대리, 박차장, 이부장의 이야기로 연결될 것이다. 이 과정에서 그들이 가지고 있던 고객 가치 창조, 인간존중에 대한 신념과 원칙들이 과연 어떤 의미를 가지고 있었는가, 그리고 왜 제일 먼저 나서서 정도 경영을 하려고 했는가, 그것은 또 기업의 미래 발전에 어떤 역할을 할 것인가가 밝혀질 것이다. 또한 바로 이것이 LG가 고객 가치를 창조하면서 스스로 블루오션이 된 동력을 밝히고, 그들의 창의적 혁신의 비밀을 푸는 열쇠가 되어줄 것이다.

2011년 3월

이남훈

| Contents |

Prologue 스스로 블루오션이 되는 LG, 그들의 창의적 혁신 • 5

Part 1 기본과 원칙을 지킬 때 가장 빨리, 가장 멀리 간다

장사가 아닌 사업을 위한 LG의 원칙
"인간존중은 합리와 투자의 실천 철학이다"

Chapter 01 한 번 뽑은 사람은 함부로 자르지 마라 • 19

Chapter 02 인재는 하늘에서 떨어지지 않는다. 잠재력에 투자하라 • 33

Chapter 03 말은 아끼고, 귀는 부지런하게 • 45

Chapter 04 실패는 최고의 교재, 끝까지 믿고 맡기면 결과로 보답한다 • 60

Chapter 05 마음을 울리면 놀라운 성과로 이어진다 • 71

LG Insight

가족주의가 아니라 합리주의가 답이다 • 31
창의적 조직은 다양한 실행과 실험을 통해 만들어진다 • 42
"성과를 내려면 표정부터 관리하세요!" • 58

Part 2 승부근성으로 물고 늘어지면 불가능은 없다

목표를 향해 나아가는 LG의 조직 운영
"끈질긴 장기 투자로 승부의 끝을 보다"

Chapter 06 뚝심을 갖고 멀리 내다볼 때 큰일을 이룬다 • 81

Chapter 07 장사가 아닌 사업을 하라, 역발상 미래 투자 • 89

Chapter 08 불가능의 벽을 넘어서다 • 99

Chapter 09 승부근성, 명품 PVC 파이프를 탄생시키다 • 115

Chapter 10 목표를 향해 집중해서 뛰어라 • 124

LG Insight

B2B 시장에서 신규 제품의 확산 속도를 높이려면 • 123
B2B 영업이 강해지는 키워드, 최종 소비자 • 129

Part 3 고객에게 올인하라, 시장은 저절로 따라온다

고객의 마음속으로 파고드는 LG의 접근법
"생각지도 못한 가치로 고객을 놀라게 하라"

Chapter 11 고객의 행동에 집중하라 • 135

Chapter 12 다른 곳에서는 살 수 없는 물건을 만들어라 • 145

Chapter 13 답은 오직 고객만이 알고 있다 • 149

Chapter 14 세계 1등이 되려면 컬처코드를 파악하라 • 158

Chapter 15 약속을 지키면 열광하는 팬을 얻는다 • 170

Chapter 16 신화는 통찰과 역발상으로 만들어진다 • 182

Chapter 17 사회적 책임을 다하면 고객은 저절로 찾아온다 • 193

LG Insight

열정이 넘치는 조직은 어떠한 환경도 돌파한다 • 143

기술은 테크닉이 아니라 정성이다 • 156

현지화의 핵심은? • 181

비즈니스는 사랑이다 • 201

Part 4 시장이 없다는 것은 핑계일 뿐, 창조하면 된다

시장을 선도하는 LG의 도전 정신
"우리 스스로 블루오션이 되어야 한다"

Chapter 18 '기어이 하겠다'고 덤비는 사람이 新시장을 개척한다 • 207

Chapter 19 최고의 브랜드가 되는 방법, 새 판을 짜는 선도자의 창의성 • 216

Chapter 20 기회의 화약고에 용기라는 불씨를 안고 뛰어들다 • 225

Chapter 21 수익률 낮은 1위는 그만, 고부가가치 시장을 선점하라 • 234

Chapter 22 금맥을 찾으려면 영역을 파괴하고, 전쟁터를 옮겨라 • 241

Chapter 23 다람쥐 패러독스에서 벗어나는 법 • 257

LG Insight

위기극복 능력은 리더에 대한 믿음에서 나온다 • 213
선도 기업의 강점을 약점으로 전환시키기 • 254
격렬한 아이디어 논쟁을 즐기는 법 • 266

Epilogue   LG, 그곳에 '사람'이 있었다 • 268

Part 1

기본과 원칙을
지킬 때
가장 빨리,
가장 멀리 간다

장사가 아닌 사업을 위한
LG의 원칙

"인간존중은 합리와 투자의 실천 철학이다"

구조조정을 하려면 먼저 경영자가 그만두어야 한다. 사원과 인간을
소중하게 여겨야 한다. 사람은 물건이 아니다.

경영의 신(神)으로 추앙받는 파나소닉 창업자, 마쓰시타 고노스케(1894~1989)

chapter 01

한 번 뽑은 사람은 함부로 자르지 마라

불안과 공포인가, 신뢰와 믿음인가?

2000년 〈타임〉지와 CNN이 공동 선정한 '세계에서 가장 영향력 있는 CEO'였던 닛산의 카를로스 곤(Carlos Ghosn). 그는 극심한 경영위기에 처한 닛산의 CEO로 부임해 상상하지 못할 정도의 성과를 올리며 승승장구했다. 2000년에 사장으로 부임한 그는 2003년 결산에서 4,643억 엔이라는 닛산 사상 최대의 순이익을 올리고, 1조 4,000억 엔에 달하는 부채를 모두 갚았을 뿐만 아니라 사장 취임 1년 만에 흑자 회사로 만들어냈다. 또한 외국인 경영자로서는 역사상 처음으로 일본 정부가 공공의 이익에 기여한 사람에게 주는 훈장인 남수포장(藍綬褒章)을 받기도 했다. 그야말로 그가 이룬 성과는 눈이 부실 정도여서 그의 앞길에는 거칠 것이 없어 보였고, 경영인으로서의 명성은 계속될 것만 같았다. 하지만 그로부터 4년 뒤 카를로스 곤 사장은 자신의 잘못된 경영을 고백하며 궤도를 수정하는 발언을 했다.

"사장은 직원들에게 목표 달성을 위한 공포를 조성해서는 안 된다. 직원들이 만약 실패할 경우 잘릴 수 있다는 두려움을 갖고 있다면 이노베이션은 불가능하다."

그가 이룬 빛나는 성과 뒤에는 어두운 과거가 숨어 있었던 것이다. 그것은 바로 '충격과 공포 경영(fear-based management)'이었다. 그는 취임 직후 "2002년 말까지 7,000억 엔의 부채를 삭감하는 '닛산 리바이벌 플랜'을 성공시키지 못하면 닛산을 떠나겠다"는 충격적인 선언을 했다. 그 후 피바람 부는 구조조정이 시작됐다. 전체 자산의 85%를 매각했고, 직원의 14%에 해당하는 2만 1,000명을 감원했으며, 20개 판매 회사의 사장을 전격 교체했다. 이 같은 경영 방식으로 '코스트 킬러(cost-killer)'라는 별명까지 얻었다. 한마디로 성과를 위해 직원들 앞에서 충격적인 선언과 실행으로 조직을 공포 분위기로 몰아갔던 것이다. 그러나 그는 2006년 결산발표 자리에서 공포 경영을 포기할 수밖에 없었다. 그의 말처럼 의도와는 달리 수많은 인재들이 닛산을 떠났으며, 창의성은 더 이상 발휘되지 않았고, 조직은 수동적으로 변하기 시작했기 때문이다.

직원들이 능력을 발휘하게 하는 방법에는 크게 두 가지가 있다. 첫 번째는 가능성 있는 인물을 자리에 앉혀보고 잘하면 놔두고, 못할 경우 즉시 해임시키고 다른 사람으로 대체하는 방법이다. 이 방법은 공포와 불안을 조성해 '나도 언제 잘릴지 모른다'는 직원들의 생존본능을 자극한다. 쥐도 궁지에 몰리면 고양이를 문다는 말이 있듯 극단적인 심리는 한 개인으로 하여금 원초적이면서도 막강한 힘을 발휘할 수 있게 한다. 여유롭고 나른한 상태에서는 절대로 기대할 수 없는 힘이 생기게 된다는 이야기이다.

회사 입장에서는 공포와 불안이 성과를 내는 데 상당한 도움을 주기 때문에 직원들에게 점점 더 강한 공포와 불안을 주입하게 된다. 특히 새로 발탁하는 인재에게 파격적인 대우를 해주면 해줄수록 위험을 무릅쓰고 이에 도전하려는 후임자들도 늘어나게 된다. 비록 잘못하면 언제든 해임될 수는 있어도, 잘해내기만 한다면 모두들 부러워하는 자리를 꿰찰 수 있기 때문이다.

하지만 이것은 공포 경영의 단면일 뿐이다. 겉으로는 조직이 잘 단결되고, 성과가 높은 것처럼 보이지만 실제 구성원들은 기회만 있으면 회사를 떠나려고 하고, 중압감을 견디다 못해 극도의 스트레스를 받는다. 결국 숙련된 인재들이 회사를 떠나는 일까지 발생할 수 있다. 이런 분위기는 장기적인 관점에서 기업에 여러 가지 악영향을 미치게 마련이다. 앞서 본 닛산의 사례가 아주 대표적이다.

두 번째 방법은 직원들에 대한 믿음과 신뢰를 가지고 그들이 성과를 낼 수 있도록 기다려주고 교육시키는 것이다. 자유로운 상태에서 창의성을 발휘하도록 하는 방법이다. 하지만 나태하고 인격적으로 덜 성숙된 직원에게는 원래 의도와는 달리 부작용을 발생시키기도 한다. 조직에서 배려한 교육 시간을 나태하게 보내거나, 개인의 여가생활로 대체하는 불미스러운 사태가 벌어질 수도 있다. 그만큼 효율성이 떨어진다.

이렇듯 단순 비교했을 때 직원들을 공포와 불안으로 통제할 경우 단기적인 성과를 낼 수 있다. 그러다보니 많은 기업들이 의도적으로 불안과 공포를 조성한다. 이는 인재 육성에 대한 철학이 부재한 탓에 일어나는 안타까운 현실이다.

대한민국을 대표하는 글로벌 기업 LG는 어떨까. LG의 경우 인재 육성에 대한 확고한 방향 설정이 되어 있는데 그 중심에는 인간존중 경영이 자리잡고 있다. 그런데 많은 사람들이 인간존중 경영을 따뜻하게 감싸주는 문화, 온정주의로 오해하면서 LG의 조직 문화가 느슨할 뿐만 아니라 정(情)으로 결합되어 있다는 편견을 갖고 있다. 여기서 꼭 짚고 넘어가야 할 대목이 있다. 만약 따뜻하게 감싸주는 문화, 온정주의가 팽배한 조직이 세계의 언론과 경영자들이 인정하는 글로벌 기업이 되었다면, 논리적으로 그러한 온정주의 문화가 경영에서 얼마나 큰 힘을 발휘하는지 배워야 한다는 것이다. 또한 조직 내에서의 경쟁은 정으로 대체되어야 하고, 성과주의는 온정주의로 바뀌어야 한다는 말이다.

인간존중 경영은 표면적으로 보면 온정주의나 감싸주는 문화로 느껴질 수 있으나 본질은 전혀 다르다. 왜냐하면 세간의 오해와 달리 주인의식을 통한 강한 인재 육성에 초점이 맞춰져 있기 때문이다. 구자경 명예회장은 자신의 저서를 통해서 인간존중 경영을 이렇게 이야기한다.

"우리가 인간존중을 하겠다는 것은 무슨 박애주의를 실천하겠다는 것이 아니다. 존중되어야 할 인간이란, 바로 성과를 내는 사람이고, 이처럼 성과를 내는 사람을 존중해주어야 한다는 점이다. (……) 주인의식을 가지고 성과를 내면 남보다 먼저 승진할 수 있고, 돈도 더 많이 받고, 대접받는다는 엄격한 경쟁 논리에 의해 더 높은 목표에 도전하고 어려움도 스스로 극복해나가는 강한 인간으로 만들겠다는 것이다. 또한 이렇게 주인의식을 통해 길러진 인재를 통해, 다른 회사보다 뜨거운 경쟁심에 불타는 강한 인재를 통해 경쟁 기업과 외국 우량 기업과 싸워나가겠다는 투지의 철학이다."

LG의 인간존중 경영에는 이렇듯 인재 양성과 혁신에 대한 깊은 고민이 담겨 있다. 그런 만큼 LG의 방향 설정, 즉 인재가 주인이 되는 회사는 인재 육성의 좋은 본보기가 된다.

　반도체 소자의 재료인 실리콘웨이퍼 제조가 많은 비중을 차지하는 LG실트론은 2008년을 전후로 최악의 위기에 직면했다. 2007년 전까지 워낙 잘나가는 상황이었으니 외부 환경 변화에 민감하지 못했고 변화에 대처하기 위한 준비도 미흡했던 탓이다. 20%에 달하던 영업이익은 매달 체감할 정도로 뚝뚝 떨어지기 시작했고 그해 가을 추석 기간에는 처음으로 공장 전체를 중지시킬 정도의 상황이 됐다. 그 후 심지어 공장 가동률이 20% 정도로 내려가는 일도 허다했다. 상황이 이쯤되다보니 언론에서 먼저 구조조정에 대한 이야기가 나올 정도였다. 구성원들은 불안해할 수밖에 없었고 '언제 잘릴까?'라는 걱정으로 술렁이기 시작했다. 사실 이럴 때 기업은 손쉬운 방법을 선택할 수 있다. 공장 가동률이 그 정도로 떨어졌다면 구조조정에 대한 명분도 있고, 언론에서 먼저 흘려주었으니 자연스럽게 손에 칼을 쥐는 단계로 넘어가는 것이 일반적인 수순이었을 것이다. LG실트론에서 근무했던 한 직원은 당시의 상황을 이렇게 설명했다.

"구조조정, 위기극복, 이런 말들이 나오기 시작했다. 지금은 이렇게 편하게 이야기할 수 있지만 당시에는 정말 끔찍한 순간들이었다. 공장 가동률이 떨어지니 공장에 사람이 없었고 그러다 보니 회사 앞으로는 차도 안 다녔다. 거기다가 추운 겨울에 바람은 또 얼마나 세게 불었는지……. 그 광경을 보고 있노라면 가만히 있어도 눈물이 날 지경이었다. 회사에서 잘리고 집으로 향하게 된다면 펑펑 울지도 모른다는 생각이 들었다. 그리고 신문에서 수없이 봐왔던 '직장 잃은 가장의 슬픔'이라는 것을 처음으로 몸소 뼈저리게 느꼈다."

하지만 LG의 선택은 직원들의 예상에서 완전히 벗어났다. 구본무 회장이 먼저 나섰다.

"어려울 때 사람 내보내지 마라."
"환경이 어려울 때일수록 좋은 사람을 뽑을 기회다."

직원들은 안도의 한숨을 내쉬면서도 마음 한구석에는 '정말일까?'라는 일말의 불안감을 지울 수 없었다. 자신들이 보기에도 너무나 악화된 상황인데 과연 회사에서 그러한 선택을 끝까지 밀고 나갈 수 있을 것인가에 대한 의구심이 들었던 것이다. 설상가상으로 회사에서 직원들에게 열흘간의 무급휴가를 실시하면서 내년 휴가를 미리 빌려줄 테니 앞당겨 쓰라는 지침까지 내려왔다. 긴가민가한 상황이었다. '혹시 겉으로는 구조조정 안 하겠다고 일단 안심시켜놓고 휴가 다녀오면 책상이 치워져 있는 거 아냐?'라는 추측성 소문이 나돌았다. 워낙 많은 회사에서 그런 방식으로 구조조정을 하다보니 그럴 만도 했다. 하지만 LG의 결정은 흔들리지 않았다. LG실트론 사장 명의로 모든 직원의 가정에 네 장 분량의 장문의 편지가 배달됐다. 미혼자는 부모님에게, 기혼자는 배우자에게 보내지는 편지였다.

'절대로 구조조정은 없으니 안심하십시오. 오히려 지금의 위기를 기회로 삼아 다시 앞으로 전진하겠습니다. 그리고 임원들부터 시작하겠으니 모두 함께 공동의 목표를 향해 다시 한 번 심기일전합시다.'

먼저 임원들이 앞장섰다. 임원들은 역할급을 전액 반납했으며 팀장급 이상은 역할급의 50%를 반납했다. 하지만 사원의 임금은 단 한 푼도 깎지 않았다. 복리후생비를 줄이기는 했지만 아이들의 교육비와 의료비는 줄이지 않았다. 다른 건 몰라도 최소한 아이들에 대한 배려만큼은 뼈를 깎는 노력을 통해서라도 지켜야 한다는 의지의 산물이었던 것이다. 이후 상황이 회복되자 가장 먼저 사원들의 복리후생을 정상화시켰고, 맨 나중에 임원들이 그 혜택을 누릴 수 있었다.

이렇게 시작된 짧지 않은 위기극복의 노력으로 단 한 명의 구조조정도 없이 모든 임직원들은 하나로 똘똘 뭉치게 되었다. 이 과정에서 무엇보다 중요했던 것은 위기에 대한 솔직한 고백과 앞으로의 비전에 대한 진정 어린 설득이었다. 당시 임원직을 맡았던 이는 이렇게 상황을 설명했다.

"두 가지 키워드는 '진정성'과 '기다림'이다. 사원들의 마음이 상하지 않도록 기다렸다. 회사의 진정성이 구성원들에게 서서히 먹혀들어갔던 것 같다. 사람 자르면 그 사람만 문제가 아니라 가정 파괴로 이어진다. 타사의 사례를 보면 잘나갈 때 500명 뽑았다가, 경기가 나빠지자 350명을 바로 내보낸 적이 있었다. 그들의 심정이 어땠겠는가? 한마디로 배신당했다는 것 아니겠는가. 이런 사례를 구성원들에게 이야기해주었다. 구성원들에게는 논리로 접근하기보다는 마음을 열고 구체적인 사실로 접근했다."

당시 LG실트론이 직원들에게 보여주었던 노력은 업계에서는 보기 드문 배려의 연속이었다. 회사 상황에 대한 설명회도 이틀에 걸쳐 10회나 개최했다. 3교대로 인력이 운영되었던 상황이었기 때문에 특정한 시간에 참여하지 못하는 사람이 생길 수밖에 없었다. 이럴 때에는 통상적으로 한 번 정도 공개 설명회를 개최한 뒤 '알아서들 공유하세요'라고 할 수도 있다. 하지만 당시 LG실트론 임원들은 직원들이 직접 듣지 않고 건너서 들을 때 생길 수 있는 미묘한 뉘앙스의 차이에 대해서까지 세심한 신경을 썼다. 민감하고 중요한 사안이었던 만큼 직원들의 불안과 동요를 조금도 허락해서는 안 된다는 의지도 강했다.

향후 회사 사정의 회복에 따른 구체적인 비전도 제시했다. 막연하게 '잘되면 잘해줄게'가 아니라 '3개월 안에 흑자로 돌아서면 ○○○에 관한 지원을 회복하겠다'는 식이었다. 직원들이 느낄 수 있는 불안감을 최대한 해소시키기 위한 방법이었다. 그뿐만 아니라 직원들이 주눅 들지 않기 위한 정신교육도 계속해 나갔다. '자부심을 가져라, 우리는 전 세계 웨이퍼 생산업체 중 상위권에 속해 있다', '우리는 그룹 내에서 국내 매출은 제로지만, 해외에서 당당히 승부하여 여기까지 왔다' 등의 교육이 이어졌다.

이러한 배려와 자긍심 고취는 직원들이 새롭게 힘을 내는 데 큰 도움이 되었다. 또한 회사가 직원들에게 해준 만큼, 직원들도 열성적으로 회사 일에 동참했다. 비용을 절감하기 위해 습관적으로 전등을 끄는 것은 물론, 자발적으로 초단위로 공정 시간을 줄이는 방법을 연구해내기도 했다. 회사가 주관하는 춘계, 추계 이벤트는 생략됐지만, 스스로 만 원씩 모아서 회식을 하기도 했다.

그러나 더욱 놀라운 사실이 있다. 회복 기미를 보이기 시작하자 LG실트론은 미래를 대비하기 위해 새로운 인력을 100여 명이나 뽑았던 것이다. '위기는 기회다', '어려울 때 미래를 대비하자'는 말은 누구나 할 수 있지만 실제로 어려운 상황에서 미래를 준비하기 위해 새로운 인력을 채용하는 것은 쉬운 일이 아니었다.

9개월 정도 임직원들의 아낌없는 노력이 뒷받침되었고, 경기가 회복되면서 상황이 좋아지기 시작했다. 회사 측에서는 먼저 사원들의 급여부터 올려주었다. 그간의 어려움을 참고 이겨낸 직원들에 대한 보답의 차원이자 이제껏 회사를 믿고 기다려준 것에 대한 감사의 표시였다. LG실트론은 그 후 다시 매출이 1조 원을 넘어서는 대역전극에 성공했고, 직원들의 마인드는 전보다 더 단단하고 공고해졌다. 직원들은 스스로 나서서 자신들이 얼마나 강하고 적극적인 인재가 되었는지 고백했다.

"위기를 겪으면서, 우리는 스스로가 얼마나 강해질 수 있는지를 느낄 수 있었다."

"구성원들이 스스로의 힘으로 위기를 극복했다는 사실 자체가 우리에게는 엄청난 자산이 되었다. 몇백 억으로도 결코 그 효과를 누릴 수 없는 결과를 만들어냈다고 할 수 있다."

한겨울, 자동차도 다니지 않았던 공장 앞 도로를 바라보며 절망감을 느꼈던 패잔병의 슬픔은 이제 승자의 자신감으로 바뀌어 있었다. 이 같은 LG실트론의 성공 사례는 구본무 회장이 평소에 그토록 강조하는 인간존중 경영이 그대로 투영된 것이고, 늘 강조해 왔던 '사람은 함부로 자르는 것이 아니다'라는 원칙이 현실에서 얼마나 강한 힘을 발휘하고 있는지를 잘 보여주고 있는 대목이다.

기업이 직원을 대하는 태도는 직원이 기업을 대하는 태도를 결정한다. 잘하면 놔두고, 못하면 자르는 회사의 태도는 직원들에게 고스란히 영향을 미친다. 회사가 괜찮은 것 같으면 계속 다니고, 아닌 것 같으면 그만둬버리겠다는 생각을 갖게 만드는 것이다.

충격과 공포에 익숙한 직원들은 회사에 반드시 충격과 공포를 안겨준다. 사석의 술자리 등 이런저런 기회를 통해서라도 회사를 욕하고 비난하고 증오하게 된다. 더 큰 문제는 직원들 역시 이중적인 마음으로 일을 하게 된다는 점이다. 결국 화려해 보이는 기업의 성과 뒤에 여전히 어두운 그림자가 따라다니는 것이다.

그러나 믿고, 기다리고, 배려하는 기업은 회사를 믿고, 기다리고 배려하는 직원을 키워낸다. 과연 어떤 직원을 가진 회사의 미래가 더 밝을 것인가? 위기가 닥쳤을 때 어떤 직원들이 회사를 위해 헌신하며 두려움없이 앞으로 전진할 것인가? 답은 이미 나와있다.

LG Insight

가족주의가 아니라 합리주의가 답이다

무려 60년 가까이 이어온 구씨와 허씨 간의 잡음없는 동업과 아름다운 이별은 이미 많은 화제가 되었다. 한국 경영사에서 유례 없는 이런 일이 가능했던 이유는 구자경 명예회장의 저서에서 찾을 수 있다.

"나는 종종 사석에서 '피를 나눈 형제지간에도 한 푼이라도 더 차지하려고 다투는 일이 많은데 사돈지간인 구씨와 허씨 두 집안이 어떻게 40년간 잘 지낼 수 있었느냐, 비결이 무엇이냐'라는 호기심 어린 질문을 자주 받는다. (……) 그때마다 나는 한마디로 분명하게 대답한다.

'합리적으로 하기 때문이오.'

사실 그렇다. 집안이니까, 우리끼리니까 한번 잘해보자고 대강 다짐하고는, 약속을 지키지 않거나 고의적인 잘못을 해도 정으로 감싸는 것은 한두 번 정도 가능할지 모른다. 사람들의 생각과 달리 사전에 충분한 합의를 거쳐 원칙을 정해놓고 이 원칙을 지키기 위해 각자 최선을 다해 왔음은 물론 서로 노력하고 최선을 다한 결과에 대해 정확한 분배를 해왔기 때문에 가능한 것이었다. (……)인화에는 상호 합의한 원칙을 존중하고 최선을 다해 지켜야 한다는 엄정한 책임의식이 전제되어 있다."

기업 경영에서 어정쩡한 가족주의는 독(毒)에 불과하다. LG가 전통적인 가치로 주목했던 인화, 그리고 그것이 발전된 오늘날의 인간존중 경영은 이러한 합리주의 철학과 합리적인 시스템에 기반하고 있다. 따라서 인간존중 경영은 세월이 흘러도 결코 변치 않는 본질적인 가치로서의 역할을 계속해 나갈 것이다.

chapter 02
인재는 하늘에서 떨어지지 않는다. 잠재력에 투자하라

유임, 안정, 변화에 대한 새로운 해석

2010년 연말, 여러 언론사들은 LG의 인사 소식을 전하면서 다음과 같은 엇비슷한 헤드라인을 뽑았다.

LG 주요 계열사 CEO 대부분 유임……'인간존중'
LG그룹 '변화'보다 '안정'……CEO 모두 유임

이는 2010년에만 해당되는 인사 스타일은 아니었다. 2009년에도, 2008년에도 언제나 언론에서는 LG의 인사를 '유임'과 '안정', '인화'라는 키워드로 해석했다. 반면 다른 그룹들의 인사 관련 기사에는 늘 '쇄신', '세대교체', '파격 발탁'이라는 단어가 따라다녔다.

이런 기사만을 놓고 따지면 LG의 인사는 보수적이고 안정지향적인 것처럼 보인다. 그래서 변화를 싫어하고, 현재의 상태를 유지하려는 성향을 가진 것처럼 해석된다. 특히 지금과 같이 빛의 속도로 경쟁을 하는 상황에서 LG의 인사 방식은 변화와 혁신을 따라가지 못하는 낙후된 방식으로 보이기도 한다. 또한 끊임없이 새로운 피를 수혈하고 세대교체를 통해서 기업을 젊고 건강한 체질로 만들어가야 한다는 대의명분에 비하면 안일한 조치로 비춰진다.

하지만 주의해서 봐야 할 것은 LG는 상황이 어려울 때 오히려 사람을 뽑고, 직원들의 능력 향상을 위해 교육에 투자한다는 사실이다. 당장 발등에 불이 떨어진 상황에서 쓸데없는 곳에 돈을 쓰는 것이 아니냐는 의문도 들 만하다. 회사가 먼저 살아야지 고용도 유지하고, 고용이 유지되어야만 기업도 지속될 수 있다는 것은 누구나 아는 사실이기 때문이다. 그래서 LG는 순발력이 떨어져서인지, 혹은 위기에 무감각해서인지, 현실에 적절히 대응하지 못한다는 오해를 받는 경우가 있다. 앞에서 살펴봤던 LG실트론이 회사는 여전히 어려운데 100명이라는 인력을 새롭게 뽑은 것도 그렇다. 이것만이 아니다. 단군 이래 최악의 경제 상황이라는 IMF 시기에도 LG는 이와 비슷한 일을 했다. 당시 그룹 전체에는 GEMBA(Global Executive MBA)라는 프로그램이 있었다. 연세대학교와 워싱턴대학교가 공동으로 마련한 학위 과정이었다. 그때까지 LG는 매년 20여 명의 직원을 선발해 연수를 보내고 있었다. 그러다 IMF가 닥쳤다. 다른 회사들은 파견 보냈던 직원들도 서둘러 국내로 복귀하라고 지시하던 때였다. LG의 경우에도 각 사별로 추천을 받았지만 예전보다는 확 줄어든 4명이 전부였다. 당시 지원을 했던 직원들조차도 '지금과 같은 어려운 시기에 가는 것은 무리가 아니겠냐'는 말을 할 정도였다. 하지만 구본무 회장의 생각은 완전히 달랐다. 구회장은 해당 업무를 담당하는 직원을 불러 이렇게 이야기했다.

"하루 이틀 장사하고 말 겁니까? LG가 무슨 보따리장수입니까? 다시 검토하세요."

'직원에게 투자하지 않고는 그 어떤 장기적인 발전도 있을 수 없다'는 그의 평소 지론이 그대로 드러나는 말이다. 결국 예년 수준인 20명이 다시 추천되어 해외 연수를 떠났다.

때로는 팀 내에서 중대한 실수를 하거나 회사에 큰 손실을 입힌 직원을 그냥 두는 일도 있었다. 그룹의 어느 계열사 영업부서에서 근무했던 과장 한 명이 사업부장의 추천으로 팀장이 되었다. 파격적인 발탁이었다. 하지만 얼마 후 그의 부하직원이 수금한 공금을 유용해 회사에 적지 않은 금전적 손해를 입히는 사건이 발생했다.

즉시 수습에 나서서 공금은 대부분 회수되었으나 그는 부하직원을 관리하지 못하는 사람으로 낙인 찍히게 되었다. 이후 동기들은 모두 차장으로 승진했지만 그는 몇 년이 지나도록 승진하지 못했다. 주변에서는 모두 그가 조만간 그만둘 것이라고 수군거렸다. 사실 팀이 제대로 운영되기 위해서는 이런 사람들을 회사 차원에서 조속히 정리해주어야 한다. 그래야 다른 사원들의 사기가 떨어지지 않고, 이를 통해 반면교사(反面敎師)의 교훈을 얻을 수도 있기 때문이다. 하지만 LG는 특단의 조치를 취하지 않았다.

상식적으로 이해할 수 없는 LG의 이런 인사 스타일을 어떻게 해석해야 할까?

LG의 기업 문화를 제대로 이해하기 위해서는 관점의 이동이 필요하다. 2~3년 정도의 단기적인 관점에서 본다면 LG의 경영 방식은 도무지 납득할 수 없는 부분이 많다. 당장의 수익과 성과를 위해서라면 IMF 같은 어려운 시기에는 허리띠를 졸라매는 것이 당연하다. 잘라야 할 사람은 잘라야 되고, 새로 치고 올라오는 사람은 빨리 키워야 할 것이 아닌가.

하지만 10~20년을 넘는 장기적인 관점으로 보는 순간 LG의 경영 방식이 갖는 전략적 장점들이 두각을 드러낸다.

가장 큰 장점은 인재 확보에서 상당한 이점을 갖는다는 점이다.

구본무 회장은 지난 2009년 신임 전무와의 대화에서 "경영위기를 타파하기 위한 방안은 무엇입니까?"라는 질문에 대해 이렇게 이야기했다.

"불황이라고 구조조정을 해서 사람을 내보내게 되면 원래 있던 사람들의 로열티(loyalty)도 떨어집니다. 우수한 인재들도 같이 떨어져나가게 된다는 것이죠. 호황을 대비해서 좋은 사람들을 많이 선발하십시오. 특히 R&D에 대한 투자, 결국 이것은 호황을 대비한 미래의 투자입니다. (……) 불황은 기회이기도 합니다. 특히나 호황에는 사람을 뽑기도 어렵고 뽑아도 검증하기가 쉽지 않은데, 불황에는 좋은 사람 뽑기가 쉽습니다."

모든 기업 경영의 기반은 투자라고 할 수 있다. 그런데 LG는 투자를 바라보는 관점이 일반적인 기업들과는 많이 다르다. 1년, 2년이 아니라 장기적인 안목으로 10년, 20년을 내다본다. 이런 관점에서 보면 일하는 과정에서 발생하는 실수나 시행착오에 책임을 물어 내보내는 것은 위험한 결정인 것이다. 또한 불황기는 훌륭한 인재를 가려내고 검증할 수 있는 좋은 기회라는 역발상적 사고로 불황기일수록 구조조정을 하지 않고 충원을 감행했다. 실제 금융위기로 많은 기업들이 움츠러들었던 2009년, 2010년에도 LG는 사상 최대

규모의 인재 채용을 실시했다. 이것은 미래를 위한 현재의 투자이고 직원들의 로열티를 높이기 위한 경영진의 의지였다. 구자경 명예회장 역시 이러한 장기적인 인재 육성에 대한 이야기를 많이 했었다. 특히 그의 '9단 인재 육성론'이 가장 대표적이다.

"결국, 내가 생각하는 인재 개발의 최종 목표는 9단 급의 우수한 경영자를 지속적으로 육성하는 것이며, 그 9단의 수준이라는 것이 럭키금성(현재 LG)에만 통용되어서는 안 되고, 경쟁 기업에서도, 환경이 다른 세계 시장에서도 예외없이 통용될 수 있어야 한다. (……) 인재란 어느 날 갑자기 하늘에서 뚝 떨어지는 것도 아니며 시간이 흐른다고 자연히 육성되는 것도 아니다. 많은 노력을 들여 체계적으로 육성해야 인재가 되는 것이다. 지금 당장 일을 처리하는 것도 중요하지만 긴 안목을 가지고 사장감, 연구소장감, 공장장감이 나올 수 있도록 관심을 기울이고 이들이 자기 능력을 개발할 수 있는 기회도 주고 한편으로는 채찍질도 해야 할 것이다. 인재가 육성되어야만 다가올 위기를 극복할 수 있다."

LG가 최고의 인재를 기르는 방법은 바로 시간, 그리고 회사의 노력이다. LG는 인재 육성이 몇 년 만에 이루어질 수 없다는 점을 정확하게 파악하고 있다. 그래서 언론에서는 유임이라고 말하지만, 실제 LG 내부에서는 이 유임의 의미가 다르게 해석된다. '전년도에 잘했으니 이번 년도에 생명을 연장시켜줄게', 혹은 '지나치게 충격을 주면 안 되니 안정 속에서 한번 잘 꾸려봐라'가 아니다. 그것은 시간과 공을 들여 최고의 인재를 길러내기 위한 조직의 결의이고 인재에 대한 장기적인 투자를 통해 영속적인 기업을 이루려는 회사의 실천인 셈이다. 다시 말해 변화를 싫어하고 눈에 보이는 안정을 추구하는 것이 아니라 끝없는 변화에 대처하는 가장 적극적인 방식의 조직운영이며, 미래와 인력에 대한 투자인 셈이다. 또한 회사 차원에서 믿음을 주면 반드시 인재도 그에 보답하는 노력을 할 것이라는 기대를 내포하고 있다. 직원들에 대해서 인내하고 새로운 기회를 주고, 시간을 들이는 것이야말로 직원들로 하여금 스스로 가슴으로부터 솟아나는 열정을 불태울 수 있게 한다.

앞에서 부하직원의 공금횡령 사건을 겪었던 팀장은 어떻게 되었을까?

얼마 후 새롭게 부임한 담당 임원은 시간을 두면서 그 팀장을 유심히 살펴보았다. 이제까지 자신이 들어왔던 그에 대한 평판이 편견과 무관심에서 비롯된 것일지 모른다는 생각이 들었다. 그에 관한 인사 기록과 업무 기록을 일일이 살펴보자, 그가 평소 일에 대한 열정과 의욕이 남다른 사람임을 알 수 있었다. 특히 그가 맡았던 팀장 역할은 원래 부장급 관리자가 해야 하는 일임에도 불구하고 과장급인 그에게 맡겨졌다. 그만큼 열정과 능력을 인정받았던 것이다. 그에게 아직 가능성이 남아 있다고 판단한 새 임원은 그를 불러놓고 허심탄회하게 대화를 나눴다.

"나는 당신을 믿고 있다. 당신은 훌륭한 자질과 능력을 갖추고 있다. 단 한 번의 실수 때문에 좌절할 필요는 없다. 어려운 일이 있으면 언제든 나와 상의를 하자."

임원의 특별한 관심은 그를 변화시키기 시작했다. 한 번의 실수로 주눅 들어 있던 그는 다시 자신감을 회복했고, 의욕과 열정을 되찾을 수 있었다. 그 후 그는 동기들 중에서 가장 먼저 부장으로 승진했고, 이후 승승장구했다. 회사에도 큰 기여를 해서 과거의 실수를 만회했음은 물론이다.

2006년, LG 계열사에 경력직으로 입사한 한 직원은 하루빨리 성과를 내야 한다는 조바심에 사로잡혀 한 고객사를 집중공략했으나 생각만큼 성과가 나지 않았다. 그동안 쏟아 부은 노력이 아까워서 포기하는 것도 어려웠다. 이를 지켜보던 상사가 "미련 가지지 말고 그만해라. 충분히 할 만큼 했다"고 충고해도 그는 도통 포기할 기미를 보이지 않았다. 그러나 얼마 지나지 않아 문제가 터졌다. 그 고객사가 부도를 내고 만 것이다. 재고를 회수하고 보험처리를 하는 등의 일을 겪으면서 그는 상당기간 동안 침체를 벗어나지 못했다. 하지만 그의 가능성에 주목했던 상사는 실패를 거듭하던 그에게 애플사의 아이폰4용 카메라를 공급하는 일을 맡겼다. 그는 성공적으로 그 일을 진행시켰으며, 이로 인해 다시 활력을 얻기 시작했다. 당시 그를 지켜본 상사는 이렇게 이야기했다.

"비록 한두 번 실패했더라도 그것이 그 사람이 가진 능력의 전부일 수는 없다. 능력을 자로 재듯 평가해서 자르고 말고 하는 것이 아니라 그 사람의 능력이 커갈 수 있도록 돕는 것이 회사의 일이 아닌가 생각한다. 결국 새로운 기회가 주어지자 그 직원은 죽기 살기로 매달린 것 같았다. 그리고 멋지게 성공시켰다."

인재는 어느 날 하늘에서 뚝 떨어지는 것이 아니다. 그러나 한번 제대로 키워낸 인재는 회사를 위기에서 구하고 업계의 판도를 바꿀 수 있는 아이디어를 내는 소중한 자산이 된다. 그렇기 때문에 할 수 있는 한 최대한 기다려주고, 능력을 발휘할 수 있도록 돕는 것이 회사가 할 수 있는 진정한 인재 양성의 길인 것이다.

LG Insight

창의적 조직은 다양한 실행과 실험을 통해 만들어진다

창의력이 기업 경쟁력의 핵심으로 대두되면서 많은 경영자들이 창의성의 싹을 갖고 있는 사람을 우선적으로 뽑기 위한 노력을 하고 있다. 물론 자질이 뛰어난 사람을 의도적으로 뽑는 것도 중요하지만 이것이 전부가 될 수는 없다. 그렇다면 창의적 조직을 만들기 위한 가장 중요한 요소는 무엇일까?

대부분의 사람들이 창의력을 '섬광과 같은 영감' 또는 '신이 주신 재능'이라고 여기며 비범한 천재의 몫으로 내버려둔다. 그런데 최근의 연구 결과들은 평범한 사람도 지속적으로 다양한 실행과 학습 노력을 하면 창의력을 키울 수 있다고 말하고 있다. 실제 음악의 신동이라고 알려진 모차르트도 영화 〈아마데우스〉에서 묘사된 것처럼 일필휘지로 작품을 만들어낸 것이 아니라 지속적인 수정과 첨삭 과정이 따랐다고 한다. 심지어 우리가 지금 기억하는 명곡들은 그가 작곡을 시작한 지 10년이 지난 후에야 만들어낸 것들이다.

비즈니스에서도 마찬가지이다. 조직의 창의적 성과는 다양한 실행과 오랜 기간의 학습에 의해 탄생된다. 그렇기 때문에 결국 고객 가치 창조를 위한 창의적 조직을 만들기 위해서는 구성원 자신과 조직의 역량을 동시에 높여나가는 환경을 마련하는 것이 무엇보다 중요하다. 즉 구성원들이 가지고 있는 잠재력과 끼를 마음껏 발휘할 수 있는 환경을 조성해주어야 한다. 구본무 회장 역시 2011년 신년사에서 이러한 환경 조성의 중요성을 강조했다.

"모든 구성원이 내부 업무에 얽매이지 않고 고객을 위한 일에 더욱 몰입할 수 있는 환경을 조성해야 합니다. 누구보다 앞서, 탁월한 고객 가치를 제공할 수 있도록 과감히 도전하는 문화도 정착되어야 합니다. 시장 선도를 위한 시도나 실험적 도전에서 발생하는 가치 있는 실패는 격려하며 인정해 주어야 합니다. 이러한 노력을 통해서, LG의 모든 구성원이 주도적으로 고객 가치 창조에 몰입하고 그 과정에서 보람과 즐거움을 얻는 진정한 창의와 자율의 문화를 가꾸어가야 하겠습니다."

새롭고 도전적인 생각이 받아들여지지 않고 기존 관행만 고수하는 경직된 문화를 가진 조직의 경우, 아무리 자질 있는 인재를 뽑아도 그들이 가지고 있는 창의적 역량을 제대로 펼칠 수 없다. 반면 구성원들이 창의적 끼를 충분히 발산할 수 있는 문화를 가진 조직의 경우, 창의적 인재가 스스로 찾아오게 마련이다.

창의적 인재가 먼저 찾아오는 조직을 만들기 위해서는 우선 리더의 역할이 중요하다. 리더는 우리 조직에 들어온 사람들은 창의적 기질을 가지고 있으며, 성장 가능성이 있다는 믿음을 가져야 한다. 그리고 누가 무엇을 잘하는지 구성원 각자의 역량과 잠재력을 파악하고, 제대로 된 사람을 발굴해 믿고 맡길 수 있어야 한다. 구성원 역시 꾸준히 역량을 연마하고 자신의 아이디어 실행을 위해 과감히 도전해야 한다. 이 과정을 통해 새로운 단서를 붙잡고 다시 발전시켜나갈 수 있다.

이렇듯 창의적 조직 환경이 정착된다면 미래를 이끌어갈 글로벌 최고 수준의 인재들이 지속적으로 육성될 뿐만 아니라 이들에 의해 사업 모델 혁신과 성과 향상이 체계적이고 연속적으로 이루어질 수 있다.

chapter 03

말은 아끼고
귀는 부지런하게

합리적 경영의 정점, 인간존중 경영

모든 회사의 본질적인 고민 중 하나는 '직원들이 열심히 일을 하게 만들려면 어떻게 해야 할까?'이다. 직원들의 업무를 감시하고 간섭하고 잔소리를 하면 될까? 아니면 그들에게 비전을 보여주고 격려하면 될까?

현대 경영학의 대가인 피터 드러커(Peter Ferdinand Drucker)는 이 문제에 대해 이런 해답을 내놓았다.

"인간에게 가장 중요한 능력은 다름 아닌 '자기 표현'이며, 현대의 경영이나 관리는 커뮤니케이션에 의해 좌우된다."

커뮤니케이션이란 곧 사람과 사람 간의 소통을 의미한다. 소통은 마음에 대한 이해와 그것을 기본으로 사람을 움직이는 방법이다.

LG가 지향하고 있는 인간존중 경영은 소통의 힘에 기반한 합리적인 경영의 정점이라고도 할 수 있다. 피터 드러커가 지적하듯, 인간이 가진 가장 중요한 능력을 최대한 활용해서 직원 개개인의 미래와 회사의 미래를 개척해나가려고 하는 것이기 때문이다. 그래서 인간존중 경영은 가장 효과적이면서도 가장 적합한 방법이기도 하다.

조그만 구멍가게든, 대기업이든 당장 눈앞의 사업이 어려워지면 직원들을 야단치고 질책하며 조급해하는 경우가 많다. 그렇게 해야만 직원들이 움직이고 결국 힘든 상황을 타개할 수 있다고 오해하기 때문이다.

하지만 구본무 회장의 리더십은 오히려 정반대의 행보를 보였다. 상황이 어려울수록 그는 직원들을 더욱 격려하고 존중하면서 끈기 있게 기다려주는 모습을 보여주었다.

2010년 하반기에 구본무 회장과 계열사의 최고경영진이 중장기 경영 전략을 논하는 컨센서스 미팅(CM)이 이뤄졌다. 이 자리에서도 유독 관심을 끌었던 것은 구회장과 LG전자 최고경영진의 만남이었다. LG전자가 스마트폰에 늦게 대응했다는 점 때문에 그 자리에서 상당한 질책과 함께 구체적인 대응책을 주문하지 않겠느냐는 전망이 많았다. 하지만 구본무 회장은 오히려 격려로 일관했다.

"늦었다고 해서 급하게 서두르지 말고 제대로 준비해 대응해달라. 길게 보고 미래를 준비하라."
"어려워진 사업일수록 이를 극복하기 위한 리더들의 역할이 중요하다. 위축되거나 조급해하지 말고 경영진을 중심으로 가장 중요한 일에 조직 전체의 힘을 모아야 한다."

구본무 회장은 질책을 해야 할 시점에 격려를 하고 다그쳐야 할 시점에 오히려 '차분하게 대응하라'고 말했다. 그뿐만 아니라 강한 카리스마가 리더의 덕목처럼 여겨지는 상황에서 그는 오히려 자신을 낮추고 직원들을 존중하는 부드러운 리더십을 보여주었다.

2009년 9월 LG화학의 LCD용 유리기판 및 LG이노텍의 LED 사업 기반이 다져질 공장 부지에서 첨단소재단지 기공식을 가졌다. 당시 VIP 입장을 알리는 사회자의 멘트 후 차례로 최고경영진들이 입장하기 시작했다. 하지만 사람들의 예상을 깨고 김반석 LG화학 부회장과 허영호 LG이노텍 사장에 이어 구본무 회장이 세 번째로 입장을 했다. 어떻게 된 일일까? 당시 구회장과 최고경영진들이 머무르던 대기실에서 행사장까지의 거리는 15미터 정도였다. 행사장을 향해 가장 먼저 앞서가던 구본무 회장은 중간에 멈춰 서서 뒤따라오던 김부회장과 허사장을 기다렸다.

"먼저 올라가시죠."

놀란 김부회장과 허사장은 극구 사양했지만 구회장은 끝까지 그들을 먼저 챙겼다.

"오늘 행사의 주인공은 LG화학과 LG이노텍이 아닙니까. 당연히 이 회사들의 CEO가 먼저 올라가야지요."

구본무 회장은 공장을 방문할 때마다 꼭 여자화장실은 몇 개인지, 그리고 외국인 직원들이 입맛에 맞게 먹을 수 있는 메뉴가 구내식당에 있는지를 확인한다. 아무래도 남성중심의 문화인 한국 사회에서 소외받기 쉬운 여성과 외국인에 대한 존중과 배려의 남다른 표현이다.

LG의 사내 문화도 마찬가지다. 한 직원은 대학동기 모임에 나갔다가 자신이 근무하는 LG의 조직 문화에 대해 다시 한 번 생각해 볼 기회를 가졌다고 한다.

"입사 후에 지금까지 한 번도 상사에게 인격모독적인 폭언을 들어본 적이 없다. 그래서 그것이 대기업의 당연한 문화인 줄 알았다. 그런데 대학동기 모임에 참석해서 깜짝 놀랄 만한 이야기를 들었다. ○○기업에 다니는 친구의 경우 일의 진행이나 성과와 관련해서 가끔씩 언어폭력에 시달린다고 했다. LG에서는 있을 수 없는 일이었다. 그것을 계기로 LG의 사내 문화에 배려와 존중이 얼마나 깊게 뿌리내렸는지 알 수 있었다."

이런 존중의 문화는 기업들의 가장 고질적인 병폐라고 할 수 있는 줄서기 문화를 없애는 데도 큰 역할을 하고 있다. 사실 줄서기라는 것 자체가 회사의 문화와 시스템이 뭔가 공평하지 못하고 합리적이지 못하면 생기는 것이다. '회사로부터 뭔가 부당한 피해를 받을 수도 있다'는 생각에서 방패막이를 만드려고 줄을 서게 되는 것이다. 하지만 회사가 직원을 존중하고 배려하는 이상, 줄서기는 있으나마나 한 것이 된다. LG 직원들은 줄서기의 필요성 자체를 느끼지 못하는 경우가 대부분이다.

"LG는 타 기업에 비하면 학연이나 지연을 거의 따지지 않는다. 줄서기 문화가 없는 편이다. LG에는 퇴직한 경영진을 고문으로 두는 평가지원단이라는 것이 있다. 임원 인사 시에 이들로부터 조언을 듣는 것이다. 그런데 이러한 문화는 다른 회사라면 거의 불가능하다. 이미 현직에서부터 탄탄한 줄서기가 되어 있어 퇴직을 해서도 그 영향력이 남아 있기 때문이다. 반면에 LG의 평가지원단은 객관적이고 공정한 심사를 한다."

LG의 격려와 존중의 문화는 구본무 회장에서부터 최고경영자, 그리고 중간관리자를 거쳐 말단직원에 이르기까지 이어지는 뿌리 깊은 LG만의 자랑이자 다른 기업에서는 쉽게 찾아볼 수 없는 독특한 기업 문화라고 할 수 있다.

그렇다면 실제 이러한 격려와 존중의 문화는 어떤 힘을 가지고 있는 것일까. LG이노텍에서 '청정문(聽情問) 프로그램'을 주도했던 CEO는 이렇게 이야기한다.

"사람을 귀하게 여겼더니 회사가 쑥쑥 커가는 놀라운 경험을 했다."

도대체 LG이노텍에서는 어떤 일이 벌어졌기에 CEO가 이런 이야기를 할 수 있었던 것일까?

LED와 전자부품을 생산하는 LG이노텍은 2000년대 초반까지만 해도 그룹 내에서 존재감이 미약했을 뿐만 아니라 구성원들 스스로도 패배감에 젖어 있었다. 한마디로 그룹 내의 천덕꾸러기 신세였다. 자부심도 열정도 없는 죽은 조직에 가까웠다. 이러한 난국을 타개하기 위해서 시작했던 것이 바로 청정문 프로그램이었다. 서로의 이야기를 경청(聽)하고, 서로를 인정하면서 정(情)을 나누며, 스스로에게 자기 능력을 얼마나 발휘하고 있는지 자문(問)하자는 취지였다. 한마디로 서로에 대한 존중과 격려를 기반으로 소통의 과정을 암묵적으로 정착시키려는 운동이었다.

LG이노텍과 LG마이크론이 통합될 때에도 청정문 프로그램은 상당한 기여를 했다. 두 개의 회사가 통합될 때에 대부분의 회사에서는 일방적으로 인사발령을 내는 경우가 허다하다. 하지만 맞춤형 면담 등을 통해서 개인의 의사를 최대한 반영했을 뿐만 아니라 통합 회사의 비전과 목표를 세울 때에도 고위 임원들끼리 밀실에서 결정하지 않고 모든 직원들이 함께 참여할 수 있도록 배려했다. 이런 노력은 회사의 통합 과정에서 발생하는 잡음과 부작용을 거의 없게 했다. 특히 최고경영자는 직원들과의 소통을 위해 홈페이지까지 별도로 운영했을 정도다. 경영 자료에서부터 유머, 개인적인 사진과 이야기까지 모두 담았다. 직원들이 댓글을 남기면 최고경영자가 다시 댓글을 다는 방식으로 소통이 이어졌다. 특별한 일을 제외하고는 일주일에 두세 번씩 소그룹별로 직원들과 점심식사를 함께하기도 했다.

당시 상사들은 직원들의 가정생활에 대한 이야기도 놓치지 않고 듣기 위해서 많은 노력을 기울였다. 한 여직원의 경우 법원에서 월급 차압이 들어온 경우가 있었다. 친척에게 신용카드를 빌려주었던 것이 화근이었다. 해당 직원에게 이 사실을 통보해주면 그만이지만, 그녀의 상사는 그렇게 하지 않았다. 그녀를 불러 전후사정을 듣고 위로하고 방법을 함께 찾아주었다. 상황이 해결된 후에 그녀는 상사에 대한 더 큰 믿음을 가지게 되었을 뿐만 아니라 일도 더 열심히 했다. 또 다른 상사들은 아내의 잔소리 때문에 스트레스를 받는다는 유부남 직원들의 소소한 이야기에도 귀를 기울이면서 같은 남자 입장에서 자신의 경험담까지 털어놓으며 함께 고민하기도 했다.

'청정문 포인트'라고 해서 스티커를 주기도 했다. 그룹장이 칭찬했을 때, 동료 간에 칭찬을 했을 때 본인 스스로 스티커를 붙이도록 했는데 많은 스티커가 붙은 직원에게는 월말에 시상도 하고 상금도 주었다. 하지만 그 결과를 너무 심각하게 받아들이지 않는 분위기를 조성하려고 노력했다. 잘한 사람은 칭찬해주고 못했다고 해서 야단치지 않는 운영상의 융통성을 보이기 위해서였다.

하지만 이 모든 것들이 순조롭게 이뤄진 것만은 아니다. 개인의 소통 습관을 바꾸고 회사의 문화를 바꾸려고 하는 것이 그리 쉬운 일만은 아니기 때문이다. 청정문 프로그램에 참여했던 한 그룹장은 소통하는 조직을 만들기 위해 노력했던 자신의 경험을 이렇게 말했다.

"처음 인사팀을 통해 나에 대한 직원들의 평가를 받아보았을 때는 참담한 심정이었다. '그룹장이 직원들의 말을 제대로 듣지 않는다', '칭찬과 격려가 별로 없다', '항상 자기 이야기만 하면서 직원들의 이야기를 존중하지 않는다', '굉장히 사무적인 모습만 보인다' 등의 불만이 대부분이었다. 심지어 '그룹장이 너무 독단적이다. 다른 아이디어를 꺼내기조차 두렵다'는 혹평도 있었다. 이런 평가를 받았다는 자체가 엄청난 충격이었다. 나에 대한 평가도 평가지만, 이런 식이라면 직원들이 제대로 일을 하지 못할 것이라는 생각이 들었다."

이 그룹장의 경우 업무능력은 상당히 뛰어난 것으로 알려져 있었다. 일의 프로세스를 속시원할 정도로 꿰뚫고 있었으며 일처리도 명쾌하고 심플했다. 하지만 문제는 바로 소통의 방식이었다. 냉정하게 표현하면 소통은 막혀 있었고, 서로의 의견을 존중하거나 격려하는 문화가 부족했다는 것이다.

"사실 회사에서는 일만 잘하면 된다고 생각하는 경우가 많다.

물론 나부터도 그랬다. 평사원일 때부터 동료나 상사와의 소통보다는 일에 집중하는 시간이 더 많았다. 그러다보니 능력을 인정받아 승진은 빨랐지만 아랫사람과 소통하는 방법을 전혀 몰랐던 것이다. 그런 점에서만 봤을 때 나는 그룹장으로서 자질이 부족하다는 점을 인정한다."

그 그룹장이 제일 먼저 실천했던 것은 자신에 대한 평가를 프린팅해서 책상 위에 붙여놓고 끊임없이 리마인드하는 것이었다. 하지만 매일 매일 자신에 대한 부하직원들의 좋지 않은 평가를 봐야하는 것은 결코 쉬운 일이 아니었다. 하지만 그렇게라도 하지 않으면 도저히 부하직원들과 소통할 수 없을 것이라는 두려움이 더 컸다고 한다. 또한 그는 회의 시간에 말을 아끼기 시작했다. 이전에는 직원들의 아이디어를 듣자마자 "그게 아닌데"라고 잘라 말하면서 그 즉시 예스와 노를 결정하는 경우가 많았다. 하지만 청정문 프로그램에 적극적으로 참여하기로 마음을 먹은 이후에는 다양한 아이디어가 나올 수 있도록 오픈형 질문을 많이 던지고 직원들의 의사를 최대한 존중하려는 노력을 기울였다. 그룹원들과 친구라는 느낌을 주기 위해서 스킨십을 갖는 시간도 많이 할애했다. 그냥 편하게 대할 수 있는 식사나 술자리를 찾아갔고 그 자리에서는 절대로 업무에 대한 이야기를 꺼내지 않았다. 그렇게 청정문 프로그램을 착실하게 진행한 후 또다시 그룹장에 대한 정기 평가가 이뤄졌다. 이번에는 그에 대한 평가가 180도 달라져 있었다. '사내 분위기를 밝게 한다', '진심으로 사원들의 이야기를 많이 들으려고 노력하는 것 같다', '늘 오픈 마인드로 직원들을 대하기 때문에 새로운 제안을 하거나 아이디어를 내는 데 별로 어려움이 없다.'

그는 청정문 프로그램을 통해서 격려와 존중의 소통이 얼마나 직원들에게 큰 힘을 주는지 새삼 깨닫게 되었다.

"우선 권위라는 것에 대해서 다시 생각하게 됐다. 40대 초반이라는 젊은 나이에 그룹장이 되었기 때문에 의식적으로 권위를 세우려는 경향이 강했다. 하지만 지금 생각해보면 그렇게 권위를 강조할수록 오히려 일이 더 꼬였다. 격려하고 자율성을 주니까 업무 몰입도가 훨씬 높아지기 시작했다. 이때 가장 중요한 것은 멤버들이 자부심을 가질 수 있도록 하는 것이었다. 그렇게 되면 그룹원들이 일을 대하는 태도가 완전히 달라진다. 그때부터는 임파워먼트(empowerment)만 해주면 된다. 직원들이 어려움을 겪을 때 약간의 지원만 해주면 아무 문제없이 일이 돌아가게 된다. 사실 따지고 보면 다들 능력 있는 사람들이다. 그런 사람들에게 이래라 저래라 명령하고 지시하는 건 아닌 것 같다. 존중과 격려, 이것이 가지는 힘이 얼마나 큰지를 새삼 느꼈다."

이러한 변화는 단지 간부들만 느낀 것은 아니었다. 직원들 역시 회사의 문화가 달라지고 있음을 피부로 체감할 수 있었다. 한 직원은 이렇게 이야기했다.

"트위터에 비유해볼 수 있다. 커뮤니케이션이 활발해졌고, 더 오픈된 문화로 바뀐 것 같다. 예전에는 좋은 소식만을 보고하려 했는데, 이제는 수면 아래에 있던 이슈들이 위로 올라와서 같이 논의가 되는 것 같다. 계층별 간담회의 경우에도 큰 변화가 있었다. 예전에는 '또 자기 말만 하려고 불렀구만……' 하는 식의 반응이 있었다면 이제는 '간부와 임원들이 우리들의 이야기를 제대로 들어주고 현실에 반영해주는구나'라고 긍정적으로 생각한다. 결과적으로 서로 불신하는 분위기가 줄어들고, 사소한 일들까지 열린 마음으로 할 수 있는 분위기로 바뀌었다. 인내, 진실성, 존중, 긍정의 힘, 이런 것이 복합적으로 나타난 것 같다."

2002년, 패배감에 젖어 있었던 LG이노텍의 매출액은 1조 원에도 미치지 못했다. 하지만 청정문 프로그램과 다양한 기술혁신 과정을 거치면서 2010년 매출 4조 1,035억 원을 달성했으며 2011년까지 매출 5조 3,100억 원을 달성하겠다는 목표를 세울 정도가 되었다.

'존중과 배려'라는 경영철학이 조직에 스며들면서 강한 회사, 혁신하는 회사, 그리고 앞서 나가는 회사를 실현하고 있는 것이다.

LG Insight

"성과를 내려면 표정부터 관리하세요!"

부하직원들의 고백을 들어보면 아무리 작은 팀이라고 하더라도 왜 리더가 표정 관리부터 잘해야 하는지를 알 수 있다.

"사업부장이 얼굴 한 번 찡그리면 그 여파가 구성원들에게 한 3~4일 정도는 가는 것 같다. 소리 한 번 지르면 3~4주 간다고 보면 된다. 윗사람 눈치 보느라고 일에 집중하지 못하는 것은 당연하다. 일을 중심에 놓고 생각하는 것이 아니라 '윗사람을 어떻게 만족시킬 것인가'를 중심에 놓고 생각하기 때문이다. 그런데 사실 따지고 보면 직원들은 일을 하기 위해 모여 있는 것이지 윗사람을 만족시키기 위해 모인 것은 아니지 않은가."

"많은 현장에서 직원들은 생산성 향상을 위해 노력한다. 그런데 생산성 향상을 위해 정말 중요한 것이 무엇인지 아는가? 바로 윗사람의 표정이다. 윗사람의 표정이 밝지 못하면 아랫사람들은 '뭐가 잘못되고 있나?'라는 생각에 불안해지고 이 불안이 깊어지면 짜증이 난다. 당연히 일에 몰입하기 힘들다. 생산성 향상을 위해서라도 윗사람들은 의도적으로 표정을 밝게 해야 하지 않을까 싶다."

상사가 직원들의 눈치를 봐야 한다는 이야기가 아니다. 그만큼 직원들은 감성적인 것에 많은 영향을 받는다는 말이다. 미혼의 한 남자직원의 말은 리더가 어떻게 부하직원들에게 감성적으로 다가가야 하는지에 대한 전형을 보여준다.

"좀 이상하게 들릴지 모르겠지만, 나 같은 사람에게는 리더가 마치 어머니와 같은 존재다. 내 어머니는 시골에 계셔서 1년에 몇 번 뵙지도 못하지만 리더는 매일매일 보는 사람이다. 그런 분들이 마치 어머니처럼 챙겨주시니, 그때는 몰랐지만 돌이켜보면 참으로 고맙다는 생각을 했다. 공기와 같은 존재라고나 할까. 있어도 있는지를 잘 모르지만, 한 번 없어지면 타격이 큰 리더, 어머니처럼 보살펴주고 지켜봐주는 리더는 아랫사람들에게 큰 힘이 된다. 비록 업무상 실수를 해도 자신 있게 고백할 수도 있고, 진심 어린 충고로 나를 응원해주시기 때문에 큰 도움이 된다."

리더의 표정 관리는 자신의 이미지를 좋게 하는 것이 목표가 아니라 부하직원들의 감성 관리이자 용기 관리이며 열정 관리이고, 궁극적으로 생산성 관리이기도 하다.

chapter 04

실패는 최고의 교재, 끝까지 믿고 맡기면 결과로 보답한다

어떻게 믿고 무엇을 기다릴 것인가

많은 경영자들, 그리고 많은 상사들이 부하직원을 믿어야 한다는 사실에 대해서는 별다른 이견을 갖지 않는다. 그래야 직원이 책임과 권한을 가지고 자율적으로 일을 할 수 있으며, 또한 직원을 감시하거나 쓸데없이 간섭하는 시간과 비용을 줄일 수 있기 때문이다. 하지만 이것을 실천하기란 여간 쉽지 않다. 믿겠다는 마음을 굳건하게 가져도 순간 순간 밀려드는 의구심은 직원에 대한 믿음을 끝까지 가져갈 수 없게 하는 최대의 장애물이라고 할 수 있다. 그래서 상사들은 수시로 잘하고 있는지 확인하고 싶고, 실수가 보이면 훈계하고 싶은 욕구를 느끼게 마련이다. 그렇다고 이런 마음이 드는 것을 꼭 비난하거나 비합리적이라고 할 수는 없다. 그것은 책임자로서 실패를 줄이고자 하는 목표의식에서 나오는 자연스러운 반응이기 때문이다.

어떤 상사들은 능력이 아직 검증되지 못한 직원을 무작정 믿고 기다릴 수는 없지 않느냐라고 반문하기도 한다. 이는 믿음에도 조건이 필요하다는 것을 말한다. 그러나 믿음과 조건은 양립할 수 없다. 조건을 따지기 시작하면 믿음을 유지하기 어렵기 때문이다. 특히 의심은 빠른 속도로 확산되는 속성을 가지고 있어 한 번 의심을 품기 시작하면 그 사람의 모든 것을 의심하게 된다. 작은 의심이 상대방에 대한 믿음 전체를 괴멸하는 것이다.

반면 믿음에는 강력한 힘이 있다. 설사 매번 실수만 하는 사람이더라도 '당신을 진심으로 믿는다'는 메시지가 지속적으로 전달되면 상대방은 실제로 믿음직스러운 사람으로 변한다. 그러므로 믿을 수 있기 때문에 믿는 것이 아니라 믿어야만 믿을 수 있게 된다. 마치 선문답 같지만, 실제 기업현장에서 수없이 일어나는 일이다.

LG의 자율 경영은 믿음으로 조직의 힘을 키우는 가장 강력한 방법 중 하나다. 자율적으로 경영하고, 일할 수 있도록 믿어주는 것은 조직과 구성원이 열정과 창의성을 발휘할 수 있도록 하는 원동력이 된다. 단 이때 기억해둘 것이 있다. 믿음의 본질적이고도 최종적인 목표는 '상대가 알아서 잘해주겠지'라는 자기 안도가 아니라

'상대가 믿어주는 만큼 최선을 다하겠다'라는 의지와 다짐을 하게 하는 데 있다.

믿음은 내 관점에서 규정되는 것이 절대 아니다. 결과적으로 상대방이 '아, 저 사람은 나를 믿고 있구나'라는 마음을 가질 수 있도록 하는 것이 관건이다. 내가 아무리 마음속으로 상대를 믿고 있어도 그것이 현실적으로 전달되지 않으면 믿음이 가지고 있는 위력은 무용지물이 돼버리기 때문이다. 따라서 상대를 믿어주고 그 마음이 전달될 수 있도록 하는 것이 바로 믿음으로 조직의 힘을 키우는 노하우이다.

1990년대 초반, 발매 개시 5개월 만에 20만 대라는 판매 실적을 올린 인공지능세탁기의 개발 과정은 믿음이 어떻게 현실적인 성과로 구현되는지를 잘 보여주는 사례이다.

인공지능세탁기는 세탁기가 투입된 세탁물을 감지한 후 스스로 알아서 물의 양, 세탁의 강도, 전체 세탁 시간, 헹굼 시간 등을 전자동으로 처리하는 제품이다. 당시에는 이러한 콘셉트 자체가 대단히 획기적인 것이라서 이 제품에 대한 기대는 애초부터 남달랐다. 당시 금성사(현재 LG전자)는 노사문제로 인해 줄곧 1위를 차지하고 있던 세탁기 시장에서 2위로 밀려난 상황이었다. 따라서 인공지능세탁기 출시는 2위로 밀려났던 세탁기 시장에서 자존심을 회복하고 다시 약진할 수 있는 중요한 기회였다. 그만큼 매우 중요한 프로젝트였고, 결코 실패해서는 안 되는 제품이기도 했다.

이런 상황에서 대부분의 기업은 가장 똑똑하고, 업무 능력이 뛰어난 최정예 요원을 선발해 팀을 구성하지만 당시 금성사의 선택은 의외였다. 각 분야에서 경험이 많지 않은 젊은 사원들을 대거 투입한 것이다. 당연히 그들을 바라보는 시각은 부정적이었다. 하지만 그 결과는 모두의 걱정과 우려를 단번에 날려버릴 만큼 큰 성과로 나타났다. 세탁기 시장에서 1위를 탈환한 것이다. 이것은 자율과 창의에 대한 금성사 최초의 실험이기도 했으며, 또한 오늘날까지 자율 경영을 꾸준히 실천할 수 있도록 해주는 원천 DNA가 되었다. 당시 구자경 명예회장은 이를 두고 '이루어질 수 없다고 생각했던 나의 바람이 얼마든지 가능하다는 사실을 깨닫게 해준 일'이라고 표현할 정도였다.

일반적인 신제품 개발 과정은 기획 단계부터 디자인을 고려해 최종 완제품을 출시할 때까지 팀원들이 각자 맡은 역할을 일사분란하게 전개해나가게 된다. 필요한 부분이 있으면 보충하고, 기술적으로 부족한 면은 보완하면서 완성된다. 하지만 인공지능세탁기의 경우 진행 방식이 전혀 달랐다. 전체적인 틀만 있었지 구체적인 실행 계획도 없었고, 완제품에 대한 디자인도 제시되지 않았다. 그런 와중에 회사는 이 프로젝트팀에게 다음과 같이 주문했다.

"LG가 세탁기 시장을 재탈환하기 위한 제품을 알아서 개발해 보라."

당시 프로젝트를 책임졌던 팀장은 '내가 과연 이 사람들을 이끌고 큰일을 해낼 수 있을까'를 걱정하느라 밤잠을 설칠 정도였다고 한다.

그리고 본격적으로 프로젝트가 가동되자 문제들이 하나둘 터져 나왔다. 특히 프로젝트팀 내 젊은 팀원들은 자기 주장이 강해서 하고 싶은 말은 무슨 일이 있어도 해야만 했다. 그래서 번번이 팀장의 심기를 불편하게 해 마찰을 빚어냈다. 팀 내 분위기가 이렇다 보니 결속은커녕 분열이 일어나 팀을 유지하는 것조차 어려울 정도였다. 결국 팀장과 팀원 모두 최선을 다하는 쪽이 아닌 서로가 최대한 부딪히지 않는 선만 지키면 된다는 자포자기 수준으로 전락하고 말았다. 이런 사실들은 금세 외부에까지 노출되고 말았다.

결국 프로젝트의 책임 팀장은 현명한 문제 해결 방안을 모색해야 했다. 그는 젊은 팀원들을 무조건 믿어주기로 했다. 우선 팀원들에게 책임과 목표를 분명히 제시하고 약속 기한까지 일체의 간섭을 하지 않았다. 그러자 무질서해지기 시작했다. 며칠 동안 밤낮을 가리지 않고 일하는 팀원이 있는가 하면, 어떤 팀원은 하루 종일 사무실 구석에 앉아 코까지 골면서 잠을 자기도 했다. 또 다른 팀원은 견본을 만든다며 외부업체에 나가서 사무실에 들어오지 않고 퇴근하는 등 한마디로 오합지졸 상태처럼 보였다. 이렇게 형편없는 상황에서도 팀장은 팀원들을 믿고 기다렸다. 대신 팀원들이 도저히 해결할 수 없는 문제라며 들고 찾아왔을 때 적극적으로 함께 고민해주고 해결 방법을 철저하게 모색해주었다.

드디어 1차 약속 기한이 되어 첫 회의석상에 그들이 들고 온 결과물은 놀라웠다. 우려와 달리 고민과 열정의 흔적이 가득 묻어 있는 기발하면서도 참신한 아이디어를 쏟아냈다. 그 후 팀장은 계속 다음 목표를 제시하고 자유로운 분위기 속에서 그들 스스로 업무를 진행할 수 있도록 환경을 조성해주었다.

인내와 믿음, 그리고 자율적인 업무 시스템을 구축한 후 얻은 결과는 상상 이상이었다. 누구도 프로젝트를 진행하는 과정에 관여하지 않았지만 그들은 잠시 2위로 뒤쳐졌던 금성사가 세탁기 시장에서 1위를 탈환하는 신화를 만든 인공지능세탁기를 개발해낸 것이다. 개발이 끝난 후 프로젝트의 책임 팀장은 구자경 명예회장에게 이렇게 보고했다.

"처음에는 이들을 기용하는 데 걱정이 이만저만 아니었습니다. 하지만 믿음을 가지고 열정을 가진 젊은 사원들이 많은 아이디어를 개진할 수 있도록 도왔고, 이것들을 함께 공유하면서 성공할 수 있었습니다. 저는 단지 그들에게 팀장으로서 그들의 열정을 발산할 수 있는 기회만 주었을 뿐 모든 일은 그들 스스로 한 것입니다."

처음 각 팀에서 차출되어온 팀원들을 보면서 한숨을 쉬었던 이유는 그들에게 믿음을 가질 수 있는 조건이 하나도 없어 보였기 때문이다. 그러나 믿음은 기적을 만들어냈다. 그들을 믿기 시작하자 그들은 '믿을 만한 사람'으로 변하기 시작했다. 팀원들을 믿고, 그들에게 자율을 부여하자 놀라운 결과로 보답했던 것이다. 그러나 이 과정에서 얻은 더욱 소중한 것은 별 볼일 없어 보였던 사원들이 이후 그룹 내에서 가장 열정적인 사원들로 성장했다는 것이다. 그들은 '나를 믿어주는 팀장이 있다'는 사실에 힘을 낼 수 있었고, 그 경험은 다시 본업으로 돌아갔을 때 이전과 전혀 다른 사람으로 변하게 해주었다. 어쩌면 믿음의 최종적인 결과물은 인공지능세탁기의 개발이 아니라 별 볼일 없었던 사원을 열정적인 인재로 탈바꿈시킨 것일지도 모른다.

2005년에는 '콜럼버스 프로젝트팀'이라는 것이 결성되었다. 과거 인공지능세탁기 개발팀의 선발 방식 그대로 각 분야에서 팀장과 팀원이 차출되어 팀이 만들어졌고, 팀 운영 방식도 거의 비슷했으나 아쉽게도 콜럼버스 프로젝트는 실패로 돌아가고 말았다. 그렇지만 LG는 이 실패를 통해 좋은 시도는 실패하더라도 성공의 씨앗을 잉태한다는 사실을 경험할 수 있었다. 그뿐만 아니라 실패와 믿음 사이에 존재하는 새로운 가능성도 발견할 수 있었다.

1995년 정보통신부에서 주관한 CDMA 디지털 이동전화 시스템 사용 시험에서 LG전자는 세계 최초로 전 항목에서 합격, 휴대전화 사업의 화려한 출발을 알렸다. 이후 1996년 CDMA 단말기를 국내 시장에 출시했으며 1997년에는 국내 최초로 PCS 단말기를 미국에 수출하기까지 했다. 2001년에는 IMT-2000 시스템을 상용화하는 데 성공함으로써 그 기술력이 세계적인 수준임을 입증함과 동시에 LG전자의 휴대전화 사업을 본격적인 궤도에 올려놓았다. 2005년, LG전자는 휴대전화 사업에서 또 한 번의 도약을 위한 야심찬 프로젝트를 마련했다. 이른바 콜럼버스 프로젝트. 기존의 발상을 혁신적으로 뒤집는 새로운 비즈니스 콘셉트의 발견을 목적으로 특별팀을 구성하고, 그들에게 전폭적인 믿음과 자율을 부여했다. 당시 LG전자에게 필요한 것은 치열한 휴대전화 시장에서 차별화 요소를 만들어내고, 향후 지속적인 성과를 내는 것이었다.

프로젝트는 연구개발, 마케팅, 디자인 등 여러 분야에 걸쳐 그룹 내에서 끼 있고 능력 있는 10명의 직원을 모아 트렌드 세터(trend setter, 유행을 주도하는 계층)들의 주 활동 지역으로 알려진 청담동에서 약 1년간 진행되었다. 팀원들은 자신에게 주어진 시간을 최대한 활용했고, 프로젝트를 완성하기 위해 고객들과 함께 새로운 탐험을 시작했다.

고객과 함께 영화를 보거나 밥을 먹고, 차를 마시는 과정 속에서 소비자에게 휴대전화란 과연 어떤 의미인지, 그리고 그들에게는 또 어떤 잠재적인 니즈가 있는지 찾아나가기 시작했다. 그 결과 이제까지 많은 개발자들이 간과했던 새로운 통찰을 할 수 있었다. 바로 소비자들에게 휴대전화는 단순한 전자기기가 아니라 일종의 패션 아이템으로 인식되고 있다는 사실이었다. 그리고 이를 바탕으로 콜럼버스 프로젝트팀은 수많은 아이디어와 제안을 만들어냈다.

하지만 1년 뒤 팀이 해체될 즈음 그들의 노력은 성공적이라는 평가를 받지 못했다. 빠르게 변화하는 시장환경에 발맞추어야 하는 시간적 제약, 팀이 추구하는 콘셉트의 제품과 비즈니스 모델을 뒷받침하는 기술력의 한계 등으로 인해 프로젝트의 결과물들이 구체적인 제품 개발로까지 연결되지 못했기 때문이다.

하지만 이 실패는 또 다른 씨앗이 되어 결국 성공을 이뤄냈다. LG전자는 이 프로젝트에서 얻은 결과물들을 다른 연구개발부서와 적극적으로 공유했다. 이는 LG 특유의 집단 창의성을 통해 더욱더 발전할 수 있었다. 명품 브랜드와의 통합 마케팅으로 출시된 '프라다폰'과 '블랙라벨 시리즈', 소비자의 감성에 친근하게 다가

간 '초콜릿폰'과 '아이스크림폰', 패션 이미지를 활용한 '엣지폰', 그리고 신세대에게 인기 있는 아이돌 스타의 이미지를 차용한 '롤리팝폰' 등이 모두 콜럼버스 프로젝트의 결과물에서 영감을 얻은 제품들이다.

또 기술적인 측면에서도 이 프로젝트의 결과물들이 더 발전된 형태로 제품에 반영되었다. 콜럼버스 프로젝트팀에서 제안했던 '디스플레이 온리(display-only)'로 작동되는 터치폰은 최근 화두가 된 스마트폰의 원형이었다. 또한 당시 강화유리, 리얼메탈, 가죽 케이스, 슈나이더 렌즈 등의 아이디어가 제품에 반영되어 더 세련된 디자인으로 선보이기도 했다. 이는 줄곧 LG전자가 휴대전화 시장에서 괄목할 만한 성장을 하는 데 큰 기여를 했다.

또 다른 성과는 이 프로젝트에 참여했던 구성원들이 그 전에는 하지 못했던 놀라운 경험을 통해 비약적으로 성장했다는 점이다. 비록 결과만 단순히 놓고 보았을 때는 성공적이라는 평가를 받지는 못했지만 프로젝트 진행 과정에서 조직의 관심과 동료들의 많은 격려를 받았고, 새로운 시도를 통해서 도전 정신과 열정을 찾을 수 있었다. 특히 다양한 분야에서 모인 전문가들과 의견을 나누고, 고객과 밀착해서 그들의 니즈를 파악할 수 있는 천금 같은 기회를 얻을 수 있었다. 프로젝트가 끝난 후 이들은 본연의 업무로 복귀했지만 일을 대하는 태도와 자세가 그전과 비교할 수 없을 정도로 진일보했음을 스스로 느낄 수 있었다. 콜럼버스 프로젝트의 이 같은 결과는 회사의 전폭적인 믿음과 지지가 없었다면 불가능한 일이었다.

많은 사람들은 실패를 실패로만 여기고, 그 결과물 역시 실패작으로 볼 뿐이다. 하지만 LG는 그렇게 하지 않았다. 비록 프로젝트가 실패했더라도 그 원인을 분석해 개선해야 할 점과 계승해야 할 점을 찾아내 조직의 소중한 자산으로 만들어냈다. 구성원들의 노력이 결코 헛되지 않았음을 스스로 믿고 그 속에서 성공 요인들을 찾아낸 것이다. 그로 인해 실패로 돌아간 프로젝트도, 그 팀원들도 보람과 성취감을 찾을 수 있었으며, 회사 내에서도 그동안의 투자를 회복할 수 있는 기회를 만들었다.

직원들을 믿지 못하고 '실패하면 어쩌지?'라고 생각하는 것 자체가 도전적이지 못한 사고의 결과라고 할 수 있다. 따지고 보면 궁극의 실패란 존재하지 않는다. 오늘의 실패가 내일의 성공으로 연결될 수 있다는 믿음만 있다면 실패야말로 새로운 희망을 불러오는 가장 체험적이고 현실적인 성과라고 볼 수 있기 때문이다.

의심하지 않고 직원을 믿어주는 것, 그리고 비록 실패하더라도 만들어진 결과물에서 반드시 성공의 원동력을 찾겠다는 자세만 갖추고 있다면, 믿고 맡기는 경영 그리고 직원에게 전권을 일임하는 신뢰 경영도 충분히 가능하다.

chapter 05

마음을 울리면
놀라운 성과로 이어진다

배려와 경청을 중시하는 기업문화

비즈니스를 전쟁터로, 직원을 전사로 비유하는 이유는 기업이 가지고 있는 기본적인 속성 자체가 공격적이면서도 전투적이기 때문이다. 그러다보니 배려, 경청 등의 덕목들의 중요성은 알고 있지만 기업문화에서 상대적으로 배제될 수밖에 없다.

그런데 여기서 한 가지 의문이 든다. 기업문화는 꼭 전투적이고 냉정해야만 성과를 낼 수 있을까? 최근 기업 전반에 많은 변화가 시도되고 있지만 조직원들의 자발적인 열정을 끌어내는 데 성공한 기업은 그리 많지 않다. 과연 어떻게 하면 열정적으로 일하는 조직원들을 키울 수 있는 걸까? LG의 기업문화에서 그 답을 찾을 수 있다.

LG의 인간존중 경영은 기존의 권위적이고 획일적인 기업문화에 대한 깊은 반성이자 정면 도전이며, 바람직한 기업을 만들어가려는 치열한 노력이라고 볼 수 있다. LG디스플레이에서 실천한 경청과 배려 문화, LG화학에 뿌리내린 행복한 기업을 위한 조직문화 활동 사례는 인간존중 경영이 가진 본질적이면서도 강력한 힘을 잘 보여준다. 2007년 LG디스플레이의 시무식에서 나온 말이다.

"경쟁력을 갖춘다는 것은 남과 경쟁해서 이기는 것이 아니라 상대방과 고객들의 목소리를 들어가면서 부단히 자신을 이겨내는 것을 의미합니다. 배려는 상대의 말을 귀담아듣고 상대의 입장에서 생각하고 공감하여 하나가 되는 것이며, 배려를 실천할 때 보다 강력한 추진력이 발휘됩니다."

기업문화는 경쟁력 강화라는 미명 아래 더욱 거칠고 냉정해지고 있다. 경쟁력을 가져야 한다는 강박관념으로 인해 무리해서 밀어붙이기도 하고, 직원들끼리 자존심을 들먹이며 서로를 몰아치도록 유도하기도 한다. 하지만 경청과 배려는 이런 조직문화에 일대 혁신을 일으킨다. 2007년부터 시작된 LG디스플레이의 경청과 배려 문화 만들기는 상대방의 말을 듣는 연습에서부터 시작되었다. 팀원들에게는 커뮤니케이션 노하우 교육을 통해, 임원들에게는 리더십 코칭 교육을 통해 경청과 배려 문화를 정착시키기 시작했다. 이것은 팀 단위의 과제 수행에서도 공통적으로 적용되었다. 예를 들어, 인사부서에서 수립하는 복리후생 지원 정책은 '회사가 구성원들에게 무엇을 해줄 수 있는가'라는 접근 방식이 아닌 '구성원들이 필요로 하는 것이 무엇이며, 이를 어떻게 지원해야 하나'에 초점을 맞추었다. 회사 입장에서 생각하지 말고, 직원 입장이 되어서 그들의 요구에 귀를 기울이는 문화를 정착시키려는 노력의 일환이었다.

그 결과 기존에는 생각지도 못했던 신선한 복리후생 제도가 탄생했다. 직원들에게 수면 쿠션을 지급하고 편안한 업무를 위해 의자를 교체하기도 했다. 사내에 커피 전문점을 개점했으며, 구두 수선뿐만 아니라 피부마사지, 발마사지도 받을 수 있도록 했다. 또 사내 커플이 결혼을 하면 사장의 업무용 차량을 웨딩카로 내주는 파격도 선보였다.

CEO는 서로 눈치를 보면서 미루기 일쑤인 간담회 대신 직원들과 일대일로 소통할 수 있는 블로그를 직접 운영했다. 예전과 달리 직원들은 자신들의 요구를 허심탄회하게 전달할 수 있게 되었는데 한 직원은 CEO의 블로그에 '제 꿈은 헬리콥터를 타보는 것입니다'라는 글을 올렸다. 이 글을 기억하고 있던 CEO는 헬리콥터로 이동할 기회가 생겼을 때 그 직원을 불러 동승하는 기회를 주기도 했다. 이렇듯 사소하고 황당해 보이지만 직원들에게 소소하면서도 인간적인 행복감을 주는 것이 진정한 경청과 배려이다.

LG디스플레이의 경청과 배려 문화는 단순히 사내 문화로 한정되지 않았다. LG디스플레이는 고객의 목소리에 더욱 귀를 기울이기 위해서 아예 경영 전략에 배려와 경청을 포함시켰다. 2009년 국내 영업 인력의 50% 이상을 고객사가 있는 해외로 전진 배치한 것이 대표적인 사례이다. 고객의 소리를 더 세심하게 경청하라는 미션을 받은 LG 사람들은 고객 곁으로 다가가 귀를 기울였고, 그 내용을 회사에 보고함으로써 경영 전략으로 승화시킬 수 있었다. 물론 그 결과는 분명한 성과로 나타났다. LG디스플레이의 영업 역량이 과거보다 훨씬 더 높아진 것으로 평가되었을 뿐만 아니라 재무적인 성과는 물론 고객과의 든든한 파트너십까지 구축할 수 있게 된 것이다.

　LG화학의 경우, 보다 쾌적한 업무를 위해 불필요한 야근과 보고 및 퇴근 문화를 개선하는 노력을 기울였다. 구성원을 단순한 직원으로 대하지 않고 소중한 인격체로 대하면, 그들이 쾌적한 삶의 질을 누리게 된 만큼 반드시 업무 성과도 향상되리라는 기대감으로 시작되었다. 우선 퇴근 시간부터 앞당기는 조치를 취했다. 정시 퇴근을 독려했다. 처음에는 구성원들이 이를 잘 받아들이지 못했다. 해보지도 않고 부정적인 선입견을 가지는 경우도 있었다.

"경영진의 생색내기 액션에 불과한 거 아냐? 솔직히 그게 잘 지켜지겠어?"

"그냥 회사에서 슬로건 차원에서 하는 거겠지. 회사 입장에서야 직원들이 빨리빨리 퇴근하는 걸 좋아할 리가 없잖아?"

이러한 일부 부정적인 의견이 긍정적인 희망으로 바뀌는 데는 많은 시간이 소요되지 않았다. 경영진이 먼저 솔선수범했다. 그러자 팀장들은 '업무 시간에 일을 못 끝내는 것은 시간 관리를 효율적으로 하지 못한 것'이라며 팀원들에게 정시 퇴근을 독려했을 뿐 아니라 사업부장, 영업부장, 팀장이 모두 정확히 6시에 퇴근을 하기 시작했다. 처음에는 낯설었지만 윗선에서부터 먼저 실천하니 사원들도 점점 믿음을 가지기 시작했다. 아무리 그래도 특히 신입사원의 경우는 6시에 퇴근한다는 것은 눈치가 보이는 게 당연하다. 이럴 때에는 선임자들이 그들의 퇴근을 돕기도 했다.

회사의 변화는 개인의 삶의 변화로 이어졌다. 일찍 퇴근한 직원들은 업무 후에 어학, 동호회 등 자기계발 시간을 갖게 되었다. 또한 그날의 피로를 그날 풀게 되니 다음 날 아침 회의도 보다 효율적으로 변했다. 매일 오전 9시에 회의를 시작했지만 조는 사람이 없었을 뿐만 아니라 자신과 큰 관련이 없는 주제에 대해서도 적극적으로 참여하는 활력을 보여주었다.

보고 문화도 적극적으로 바꿔나가기 시작했다. 모든 보고는 최소화되었고 쪽지와 구두로 보고하는 일이 많아졌다. 팀원들은 상부 보고를 위해 자신의 업무를 중단시킬 필요가 없으니 일의 맥이 끊어지지 않아 팀 전체 업무가 효율적으로 변하게 되었다. 참고로 보고가 최소화된다는 것은 리더들에게 더욱 부지런해질 것을 요구한다. 일을 하지 않는 리더일수록 보고를 많이 받기를 원한다. 팀원들을 재촉해 자신이 알고 싶은 것을 충족하려고 하기 때문이다. 그러다보면 자연스럽게 보고가 많아질 수밖에 없다. 하지만 보고를 최소화하면 리더는 스스로 먼저 업무를 파악하고 부하들의 상황을 이해해야 한다. 그렇게 해야만 최소한의 보고로도 자신이 원하는 모든 정보를 습득할 수 있다.

회의 문화도 변화가 생겼다. 허겁지겁 그냥 참석하는 것이 아니라 사전에 회의 주제들을 공유해 즉흥적인 논쟁이 아니라 합리적인 의견 교환이 될 수 있도록 했다. 사전에 자료를 공유하고 회의 시간을 정하게 되니 각자가 정리된 생각을 가져와서 회의가 옆길로 빠지지 않았다. 결국 합의와 결론 도출까지 걸리는 시간도 절약할 수 있었다. 또한 안건의 담당자가 회의 주체가 되니 주인의식과 리더십도 함께 생겨났다. 결과적으로 이러한 보고 및 회의 문화의 변화는 단지 형식적인 변화가 아닌 실질적인 역량 강화로 이어졌다.

이처럼 거칠게 몰아붙이는 조직문화보다는 구성원들의 마음을 울렸을 때 놀라운 결과가 나타난다는 것을 눈으로 확인할 수 있다. 인간의 마음이 진심이라는 필터를 통과했을 때 조직은 역동적으로 변한다. 많은 기업들이 조직문화를 고민할 때에 반드시 염두에 두어야 할 점이다.

Part 2

승부근성으로
물고 늘어지면
불가능은 없다

목표를 향해 나아가는
LG의 조직 운영

"끈질긴 장기 투자로 승부의 끝을 보다"

"이유는 없다. 꼭 해내야 하는 것이기 때문이다."
나는 훈련하는 모든 시간이 힘들었다. 그러나 나는 그때마다 말했다. 포기하지 마라, 지금은 고통이지만 남은 나의 일생을 챔피언으로서 살 것이다. 나비처럼 날아서 벌처럼 쏜다. 나는 위대하다. 나는 당신들이 원하는 챔피언이 되지 않겠다. 무엇을 하든 최고가 될 수 있다면 그것으로 좋다. 상상력이 없는 자는 날개도 없다. 위험을 무릅쓸 용기가 없으면 인생에서 아무것도 이룰 수 없다.

20세기 최고의 복서, 무하마드 알리 (1942~)

chapter 06

뚝심을 갖고
멀리 내다볼 때
큰일을 이룬다

장사와 사업의 차이점

장사와 사업의 가장 큰 차이점은 무엇일까? 다양한 기준이 적용되겠지만 바로 '시간'에 대한 생각의 차이이다. 장사하는 사람들은 '올해도 잘 팔릴까? 내년에는 뭘로 먹고살아야 하지?'라는 생각을 하지만 사업을 하는 사람들은 '10년 뒤에는 이 세상이 어떻게 변할까? 100년을 준비하는 새로운 사업은 없을까?'를 고민한다.

그러나 더욱 중요한 것은 시간에 대한 관점의 차이가 단순히 시간 그 자체에 한정되지 않는다는 점이다. 투자의 폭을 조절하고 인재를 키워나가는 방식을 정하며, 사업의 전진과 후퇴를 판단하는 결정적인 요인이라고까지 말할 수 있다. 장사의 안목으로 보면 당장 2배의 수익만 나도 투자를 하지만 사업적인 관점에서는 그 2배의 수익이 어떤 의미를 가지고 있는지가 더 중요하다. 단지 1년만 지속되는 2배 장사라면 차라리 다른 곳에 투자하는 것이 더 나을 수 있기 때문이다.

경영에서 가장 중요하다고 할 수 있는 사업의 진출과 후퇴에 대한 판단에서도 마찬가지이다. 장사하는 사람에게 10년 앞을 생각하고 일을 벌인다는 것은 미친 짓에 불과하다. 하지만 사업을 하는 사람에게 10년은 그리 멀지 않은 가까운 미래이다.

앞서 LG가 가진 강점 중 하나로 승부를 길게 본다는 점을 들었다. 승부를 길게 본다는 것은 시야에 현재와 미래를 겹쳐서 본다는 것을 의미한다. 그래서 일희일비하지 않고, 뚝심 있게 사업을 전개하는 것이다. 이것은 LG만의 독특한 경영 행보라고 할 수 있다.

재충전이 가능한 2차전지는 각종 휴대전자 기기에 들어가기 때문에 이른바 '전자부품의 심장'으로 불린다. 우리 몸의 각 기능이 아무리 좋아도 심장이 멈추면 죽게 되듯이 아무리 뛰어난 스펙의 전자 기기도 결국 배터리가 방전되면 아무런 기능도 할 수 없는 것과 마찬가지이다. 따라서 지금과 같은 모바일 세상에서 2차전지 사업은 시대를 앞서서 이끌어나가는 핵심 전자 사업 중 하나라고 할 수 있다.

구본무 회장이 2차전지를 접했던 것은 1992년 유럽 지역의 사업 점검차 출장길에 올랐을 때였다. 영국의 원자력 연구단지에서 처음 접한 2차전지는 그의 심장을 뛰게 했다. 귀국길에 샘플을 들고 온 구회장은 당시 계열사였던 럭키금속에 연구를 지시했다. 이렇게 시작된 2차전지에 대한 연구는 LG화학으로 이어졌고 소재 분야에 대한 심층적인 연구가 진행되었다. 하지만 원천 기술이 부족했던 당시 상황에서는 성과가 쉽게 나오지 않았다. 1992년 이후 수년간 연구에 연구를 거듭했지만 만족할 만한 품질이 나오지 않았던 것이다. 1997년에 이르러서야 겨우 소형 전지 파일럿 생산에 성공했지만 대량 생산이 힘들었고, 선발 업체였던 일본 기업들을 따라잡기에는 역부족이었다. 그러다 보니 여기저기에서 우려의 목소리가 터져나왔다. 2001년 11월 여의도 LG트윈타워 회의실에서 열린 회의는 2차전지 사업에 대한 냉혹한 성토의 장이었다. 구본무 회장과 주요 계열사의 최고경영진이 모인 자리에서 2차전지 사업에 대한 불만 섞인 이야기가 터져나왔던 것이다.

"대규모 적자를 감수하면서까지 이 사업을 계속해야 할 이유가 있는지 잘 모르겠습니다. 이미 세계적인 전지 회사들이 개발에 몰두하고 있는 상황에서 LG화학이 계속 사업을 고수하는 것이 맞는 일일까요?" (A계열사 사장)

"이렇게 계속 적자가 난다면 사업을 접어야 하는 것이 옳은 것이 아닌가요. 사업은 수익을 내야 하는 것이 정석입니다. 이것이 불가능하면 아무리 좋은 사업 아이템도 쓸모가 없습니다. 사업을 접는 것이 낫다고 생각합니다."(B계열사 사장)

이렇듯 회의실에 모인 대부분 사람들은 한결같이 2차전지 사업에 대한 비관적인 의견을 내놓았다. 하지만 구본무 회장의 눈빛에는 흔들림조차 없었다.

"포기하지 말고 길게 보고 투자와 연구개발에 더욱 집중해야 할 때라고 생각합니다. 그동안 사업을 추진해오면서 쌓은 노하우도 있을 것이고, 저는 LG화학에서 계속하는 것이 맞다고 생각합니다. 꼭 성공할 수 있다는 확신을 가지고 다시 시작해보도록 합시다."

그렇게 사업은 계속 추진하는 것으로 일단락이 되었지만 여전히 난항을 거듭했다. 그러던 와중 2002~2003년 세계 2차전지 시장 확대의 영향으로 LG의 2차전지 사업은 순식간에 흑자로 돌아섰다. 또한 2002년 7월 미국 콜로라도에서 열린 자동차 경주대회인 '파익스 피크 인터내셔널 힐 클라임(Pikes Peak International Hill Climb)'에서 LG화학의 전지를 이용해 개발한 전기자동차가 우승을 차지하면서 브랜드 인지도가 달라졌다. 1년 전만 해도 사업을 접자는 이야기가 나온 것에 비하면 대단히 놀라운 성과였다.

하지만 2차전지 수난사는 그리 빨리 끝나지 않았다. 품질 불량에 따른 대량 리콜 사태가 발생한 것이다. 2차전지 사업은 그해에만 무려 2,000억 원에 가까운 적자를 기록했다. 2004년 2만 8,000개, 2005년 12만 8,000개의 제품이 리콜되면서 2005년에만 전년 대비 1,800억 원의 매출이 감소했고, 2006년에도 2,000억에 가까운 적자가 이어졌다. 또다시 불만이 제기되었다.

"보십시오. 역시 안 되는 건, 안 되는 것입니다."
"이렇게 어려운 시기에 굳이 2차전지 사업을 계속 끌고 갈 필요가 있을까요?"

그러나 구회장은 여전히 흔들리지 않았다. 다시 한 번 임직원들을 다독였다.

"끈질기게 하다 보면 반드시 성공할 날이 있을 것입니다. 바로 여기에 우리의 미래가 있다는 생각으로 성공을 향해 달려가주십시오."

LG는 포기가 아니라 정면돌파를 선택했다. LG화학은 당시의 리콜 사태를 오히려 품질 개선의 기회로 삼아 절대적인 노력을 쏟아부었다. '다른 건 몰라도 품질은 포기할 수 없다'는 LG만의 강한 자존심이 반영된 것이다. 우선 충북 오창 공장과 청주 공장의 생산설비를 일제히 멈추고, 서울 본사에서 근무하던 전지사업부 직원 100명이 오창 공장으로 자리를 옮겼다. 그때부터 그들은 휴일까지 반납한 채 문제를 해결하기 위해서 노력했던 것이다.

사실 2차전지 사업의 성과가 쉽게 나오지 않았던 이유는 LG화학이 리튬이온전지 개발에 집중했기 때문이다. 선발업체였던 일본 기업들은 세계 시장의 주력 상품이자 안정성이 담보된 니켈수소전지에 전력투구했다. 반면 LG화학은 개발은 어렵지만 성능면에서 뛰어난 리튬이온전지가 앞으로 훨씬 시장성이 있을 것이라고 판단했기 때문에 리튬이온전지에 주력했다. 당시 LG화학이 단기적인 성과에만 급급했다면 처음부터 니켈수소전지를 개발하면 됐을 일이다. 하지만 길게 보고 사업을 하려던 LG화학은 돌아서 멀리 갈지언정, 장기적인 전망이 있는 리튬이온전지 개발을 포기할 수 없었다. 과감하게 어려운 길을 선택한 것이다.

20여 년이 흐른 지금, LG화학의 2차전지 사업은 세계 최강의 자리에 우뚝 올라섰다. 특히, 전기자동차용 배터리 부문에서는 GM과 포드에 제품을 공급하면서 세계 최고 브랜드로서의 입지를 굳했다. 또한 LG화학은 2차전지 사업 진출 이후 시장점유율 측면에서 처음으로 일본 전자 회사인 소니를 제쳤다. 일본의 마지막 보루인 2차전지 사업에 회심의 결정타를 날렸다고 할 수 있다.

이처럼 길게 보고 승부하는 LG의 인내와 끈기는 안주하지 않고, 조급해하지도 않는 탄탄한 뒷심이 있기에 가능했다. 한마디로 '될 때까지 한다'는 독한 승부근성이 이제는 LG의 강인한 DNA로 자리잡고 있는 것이다.

LG의 독한 승부근성은 2차전지에서만 빛을 발한 것은 아니다. 편광판 관련 시장 진출과 성공도 마찬가지였다. 편광판은 노트북과 휴대전화 등의 LCD 화면에 쓰이는 광학필름이다. 이는 디지털 가전제품이 발전하면서 함께 동반 성장하는 미래 산업 아이템인 것이다. LG화학이 편광판에 관심을 기울이기 시작했던 것은 1990년대 후반으로, 당시 편광판을 만들 수 있는 회사는 전 세계에서 일본 기업들뿐이었다.

LG는 편광판 사업에 뛰어들면서 일본 회사들에게 기술 이전을 요청했으나 매몰차게 거절당했다. 그렇다고 물러설 LG가 아니었다. 다시 한 번 독한 승부근성을 발휘하기 시작했다. 물론 그 과정이 결코 순탄하지만은 않았다. 제품 개발에 어렵게 성공하는가 싶었지만 품질이 불안정했고, 품질을 안정시키니 생산에 문제가 생겼던 것도 하루 이틀이 아니었다. 하지만 이 모든 과정을 거친 후

2009년, LG화학은 드디어 편광판 세계 시장에서 부동의 1위를 차지하고 있던 일본 회사를 제치고 세계 1등을 차지했다. 2000년도에 연 60억 원에 불과하던 매출은 2조 원 이상으로 급격하게 뛰어올랐다.

2010년 연말에도 LG만의 경영 스타일이 온전히 살아 있는 사업 투자 계획을 발표했다. 여기에는 이제껏 LG 역사상 가장 큰 규모인 21조 원의 투자에 미래지향적인 사업을 통해서 시장을 리드하려는 LG의 장기적인 전략이 그대로 담겨 있다. 2차전지 사업을 통해 드러난 LG의 근성 있는 장기 투자와 길게 보는 경영이 또다시 꿈틀거리고 있는 것이다.

chapter 07

장사가 아닌 사업을 하라, 역발상 미래 투자

영속하는 기업을 위한 역발상 미래 투자

2008년, 전 세계를 혼란에 빠뜨리며 세계 경제에 충격을 준 서브프라임 모기지 사태. 절대 망할 리 없다던 기업들이 속절없이 무너져내렸고 그 광경에 많은 사람들은 충격으로 입을 다물지 못했다. 세계적인 경영학자들은 사태가 발생한 근본적인 원인 분석과 함께 이와 같은 사태가 재발하지 않도록 혼란 속에서도 살아남은 기업의 특징을 도출해냈다. 그중에서 가장 주목받은 것은 지나친 단기 성과 중심의 경영이 금융위기를 초래했다는 분석이었다. 이는 역설적으로 장기적인 관점의 경영이야말로 불황을 이겨낼 수 있는 열쇠라고 할 수 있다. 실제 그들이 분석한 생존 기업과 사라진 기업의 차이를 살펴보면 이 점이 명확하게 부각된다. 생존 기업들은 멀리 내다보는 전략과 목표, 잠재해 있는 리스크를 사전에 밝혀내고 관리하는 능력, 단기 경영을 추구하는 CEO를 모니터링하고 견제하는 내부 시스템을 갖추고 있었다. 장기적인 관점의 부재가 CEO의 도덕적 해이는 물론 기업 체질을 약화시켜 영속하는 기업을 만들어내지 못한다는 이야기이다.

경영에서 장기적인 관점은 시장 변화가 가속화되고 경쟁이 치열해지면서 더욱 중요해지고 있다. 미국의 〈비즈니스위크〉가 분석한 바에 따르면 기업의 생존기간은 점점 더 짧아지고 있다. 1917년 미국의 경제전문지 〈포브스〉가 선정한 100대 기업 중에서 1997년까지 생존한 기업은 전체의 절반도 되지 않는 39개에 불과했다. 61개의 기업들은 흔적도 없이 사라져버렸던 것이다. 그뿐만 아니라 생존한 39개 기업 중에서도 절반 정도에 불과한 18개 기업만이 100대 기업에 머물렀다. 이는 기업이 장기적인 관점을 가지고 끊임없이 미래를 준비하지 않으면 어떠한 결과가 초래되는지를 여실히 보여준 셈이다.

그런 점에서 LG가 끊임없이 관심을 두고 있는 장기적인 관점의 경영은 기업의 미래를 위한 최후의 보루이자, 최고의 전략적 방법이 아닐 수 없다. 구본무 회장은 기회만 있으면 '멀리 보라', '장사가 아닌 사업을 하라'라고 강조한다.

"한 번 시작했으면 어떻게 해서든 끌고 나가서 일등할 생각을 해야 합니다. 그래서 나는 그런 것들을 단기적인 관점에서 판단하지 못하게 하는 장치를 마련할 생각입니다. 앞으로 10년, 20년 걸릴 사업이 있습니다. 그 사업을 지키고 성공해내려면 지속적으로 꾸준히 사업을 준비해서 씨를 뿌릴 수 있는 노력이 필요합니다."

"저는 몇 년 전부터 기본적으로 장기 투자와 장기 R&D를 무조건 하게 했습니다. 그렇게 하지 않으면 많은 미국의 기업들처럼 단기 성과에 매달릴 수밖에 없습니다. 앞으로 LG가 영속적으로 가려면 장기적으로 R&D에 무조건 투자해야 합니다. 10년이 걸리든, 50년이 걸리든 원천 기술을 꼭 확보해야 합니다."

LG에게 장기 투자는 사실 사활을 건 목표이다. 이것은 창업 당시부터 지금까지 이어져오는 LG의 DNA라고 할 수 있다. 참고로 이 뿌리 깊은 역사는 구인회 창업회장이 '구인회상점'을 열고 의욕적으로 사업을 시작하던 1930년대로 거슬러 올라간다.

당시 구인회 창업회장은 물심양면으로 많은 노력을 기울였지만 사업이 잘 풀리지 않았다. 사업을 시작한 지 1년이 지나고 결산을 해보니 당시 금액으로 500원, 쌀 100가마니에 해당하는 엄청난 손실이 발생했던 것이다. 결국 그는 아버지 소유의 논밭을 담보로 잡히면 8,000원 정도의 대출을 받을 수 있다는 사실을 알게 됐다. 모든 자초지종을 들은 아버지는 땅문서를 내주면서 지금의 LG가 철두철미하게 지켜나가는 경영이념의 초석이 될 만한 이야기를 해주었다.

"인회야, 초반에 일이 잘 안 된다고 주저앉으면 아무 일도 못한다. 무슨 일이든 10년은 해봐야 되든 안 되든 결판이 나지 않겠느냐. 조급하게 생각하지 말고 멀리 내다보면서 한 발 두 발 전진해나가도록 해봐라."

장기 투자의 핵심은 일희일비하지 않는 자세이다. 이것은 당장 큰 이익이 났다고 해서 지나치게 자만심을 갖지 않는 것, 또한 당장 손해가 있더라도 결코 좌절하거나 절망하지 않는 것을 의미한다. 그런데 이러한 자세를 갖기 위해서는 무엇보다 미래에 대한 예측과 호황과 불황에 대한 예지적 통찰이 있어야 한다. 그렇지 않을 경우 단기적인 관점에 매몰될 수밖에 없다. 창업회장은 1930년 중반에 겪었던 엄청난 손해와 그에 대한 회복 과정을 통해서 사업의 사이클과 장기적 관점의 경영에 대한 소중한 경험을 했다.

1937년 7월, 큰 홍수로 구인회상점이 있던 진주읍 전체가 침수되는 일이 발생했다. 물론 해마다 여름철이면 큰비가 내렸지만 유독 그해만큼은 장마의 양상이 달랐다. 급기야 시시각각 불어나는 물로 인해 초가집들이 떠내려갔다. 돼지, 소 등 가축도 마찬가지였다. 새벽 동이 틀 무렵이 되자 마을 전체가 침수되었고, 하루가 꼬박 지나서야 물이 빠져나갔다. 집이며, 상가며 모든 것이 엉망이었다. 하루아침에 이재민이 된 주민들은 소방차에서 나눠주는 주먹밥으로 겨우 끼니를 때웠다.

구인회상점도 수마(水魔)의 무참한 공격에 완전히 사라져버리고 말았다. 이제까지 이루어온 모든 것이 무(無)가 돼버린 것이다. 이 정도면 가슴을 치며 하늘을 원망할 법도 하지만 그는 오히려 내일을 고민했다. 그리고 다른 사람들이 절망을 이야기할 시간에 호황과 불황을 관통하는 예측을 하기 시작했다.

'장마 진 해에 풍년 든다'는 옛말은 떠도는 헛소문이 아니다. 틀린 말이 아니다. 대개 장마는 초여름에 들기 때문에 중반 이후에는 무더위가 이어지게 마련이다. 그렇게 되면 곡식과 과일이 잘 익어 농산물의 양이 늘고, 질이 향상되어 풍년이 든다. 구회장은 더 나아가 풍년이 들면 농가의 소득이 늘게 마련이고 그러면 농민들은 아들딸 혼인시키기에 바쁠 것이다라는 판단까지 했다. 그러니 금년 가을에는 예단에 필요한 비단과 광목이 잘 팔릴 것으로 예상했다. 더구나 수해로 의복이나 침구를 망친 사람들이 많으니 그에 대한 수요도 가중되리라."

《LG창업회장 구인회의 삶-한번 믿으면 모두 맡겨라》에서

자신이 이제껏 이루어놓은 모든 것이 사라진 상태, 그 절망의 상황에서도 구회장은 다가올 미래를 예측하고 차근차근 그것을 준비했다. 모든 것이 사라진 상황이었으니 우선 다시 종잣돈을 모을 필요가 있었다. 구인회 창업회장은 간단한 자금 사용 계획서를 작성해서 평소 알고 지내던 약방 주인을 찾아갔다. 그의 이야기를 들은 약방 주인은 두말없이 돈을 내놓았다. 그때부터 구회장은 물건을 구입하기 위해 동서남북으로 뛰어다녔다. 그렇게 구입한 물건들은 가게에 다 쌓지 못해 별도의 창고를 마련해야 할 정도였다. 막대한 물량을 확보하고 모든 준비를 끝마친 그는 가을이 오기를 손꼽아 기다렸다. 시간이 지나 홍수의 피해도 많이 아물었고, 선선한 바람이 부는 가을이 왔다.

구인회 창업회장의 예측은 정확히 들어맞았다. 말 그대로 대박이었다. 농사는 대풍이었고, 선남선녀들은 앞을 다투어 결혼을 했다. 비단과 광목은 날개 돋친듯 팔려나갔다. 하지만 이런 시장 상황을 예측하지 못했던 주변 상인들은 멀뚱멀뚱 그 모습을 구경만 할 수밖에 없었다.

당시 구인회 창업회장의 투자 방식은 '최악의 순간에 투자를 해

야 한다', '미래를 준비하는 장기적인 관점을 가져야 한다'는 현재 LG 경영철학의 원형이라고 할 수 있다. 아마도 수해 직후 물건을 구매하기 위해 동분서주하는 창업회장을 보고 주변의 사람들은 이렇게 생각했을 것이다.

'홍수로 집까지 떠내려간 판국에 사람들이 무슨 돈이 있어 비단이며, 광목을 산다고 구인회는 저렇게 미친 듯이 물건을 사대 냔 말이야? 수해를 당하고 정신이 어떻게 된 거 아니야?'

당시 주변 상인들의 눈에는 오늘만 보였고, 창업회장은 내일을 내다보았다. 그들은 현상만으로 현실에 대처했지만 창업회장은 긴 안목으로 다가올 풍년을 준비했던 것이다.

그해 가을 큰 이익을 거둬들인 창업회장은 수해로 인한 피해를 말끔하게 해소하고 또다시 의욕적으로 사업을 펼쳐나갈 수 있었다. 하지만 주변 상인들은 여전히 수해의 피해 속에서 당장 살 궁리에 여념이 없었다.

오늘날 LG의 장기 투자가 빛을 본 경우는 한두 가지가 아니다. LCD 패널에 대한 투자도 불황일 때 호황을 준비하는 장기 투자의 모범 사례라고 할 수 있다.

LG에서 LCD 사업을 시작한 것은 지난 1987년부터였다. 하지만 사업에 본격적으로 뛰어든 것은 1993년 9월, LCD사업부를 신설하면서부터라고 할 수 있다. 본격적인 사업을 시작했지만 극복해야 할 장애물이 만만치 않았다. 아무리 미래를 보고 하는 투자라 해도 눈에 보이는 성과가 없는 것은 곤혹스러운 일이었다. 그 와중에 LG는 1999년 16억 달러의 외자를 유치해 LG필립스 LCD(현재 LG디스플레이)를 설립했다. 2000년을 전후해 국내 및 세계 경기가 불확실했던 상황에서 무모할 정도의 과감한 승부수였다. 여기저기서 적지 않은 우려의 목소리가 들렸다. 아직 본격적으로 시장이 개화되지 않은 상태에서 지나친 투자가 아니냐는 것이었다. 그러나 LG는 투자를 멈추지 않았다. 2006년에는 5조 3,000억 원을 투입, 경기도 파주에 135만 평, 세계 최대 규모의 LCD 클러스터를 만들었다.

　　사실 LG는 LCD 사업에서 극심한 갈림길에 놓인 적이 있었다. 2001년 당시 LCD 생산현장에는 5세대 라인인 P4와 P5 라인 옆에 향후 투자를 위한 P6 라인의 나대지(지상에 건축물 등이 없는 대지)가 있었다. 일반적으로 작업현장의 나대지에는 먼지 방지 등을 위해서 의무적으로 잔디를 심어야 한다. 그러나 당시 구본준 사장은 잔디 대신 보리를 심으라고 지시했다. LCD 사업이 성패의 갈림길에 서 있는 상황에서 한 푼이라도 아껴야 했기 때문이다.

　　그리고 직원들의 사기가 꺾일까 염려해 보리가 가지고 있는 의미를 부여해 '추운 겨울을 견디는 보리처럼, 지금 겪고 있는 최악의 상황을 이겨내자'는 메시지를 전했다. 그 메시지대로 LG는 LCD 사업의 난관을 극복했다. 그리고 당시 잔디 대신 심었던 보리를 수확해 전 직원에게 한 봉지씩 전달했다. 봉지 겉에는 '눈물 젖은 보리쌀'이라고 쓰여 있었다.

LG의 LCD 사업은 비록 눈물을 흘릴 만큼 우여곡절을 겪었지만 지금은 경이적인 기록을 세우고 있다. 처음 사업을 시작했을 때에 비하면 매출액, 판매량은 수천 배로 뛰었으며, 지난 2003년 LG디스플레이는 세계 LCD 패널 시장점유율 1위를 기록하는 기적을 이뤄냈다. 그 후 LG디스플레이는 2010년에도 1위를 기록하며 세계 시장에서 LCD 패널 최고 기업으로 각광받고 있다. 보리의 눈물이 성공의 눈물로 바뀐 것이다.

사실 불황일 때 호황을 준비하는 것은 결코 쉬운 일이 아니다. 당장의 안락한 현실을 포기하고 불확실한 미래를 계획해야 하기 때문이다. '미래는 미래의 일이고, 당장 현실은 어떻게 하란 말인가'라는 말 역시 이러한 미래 투자가 얼마나 어려운지를 단적으로 보여주고 있다고 할 수 있다. 그러나 미래를 바라보지 않는 기업에게 찬란한 미래란 있을 수 없다.

홍수로 모든 것을 잃은 후에 풍년이 오는 가을을 예측하지 않았다면, 눈물 젖은 보리쌀을 감내하면서 투자하지 않았다면, 오늘의

LG와 LG가 이뤄낸 'LCD 패널 세계 1위 기업'이라는 타이틀은 결코 있을 수 없는 영광이었을 것이다.

chapter 08

불가능의 벽을 넘어서다

나는 어떤 자세로 일을 대하고 있는가?

외국인들이 한국에 와서 깜짝 놀라는 것 중의 하나는 대중교통 요금을 지불하는 광경이다. 전 세계 어디를 가든, 사람들은 버스나 전철을 타기 전에 동전이나 지폐를 손에 미리 준비한다. 하지만 한국 사람들은 다르다. 휴대전화에 달려 있는 조그만 액세서리 또는 지갑, 심지어 메고 있던 가방을 살짝 대는 것으로 모든 상황이 종료된다. '삑' 하고 울리는 그 경쾌한 소리는 전 세계에서 가장 앞서가는 대한민국의 교통카드 시스템을 상징한다. 이것은 지난 40년간 지속되어오던 우리나라 교통요금 시스템을 일거에 뒤바꾼 혁명이었다.

그런데 이 교통카드 시스템이 완성되기 전까지만 해도 누구도 성공 여부를 장담하지 못했다. 당시 한 전문가는 이렇게 이야기했다.

"LG CNS가 서울시 교통카드 시스템을 구축하기로 했다죠? 제가 그게 성공하지 못할 이유를 설명해 드릴게요. 원래 그런 종류의 프로젝트는 최소 3년이 걸립니다. 그런데 LG에서는 얼마 만에 그걸 완성한다고 하는지 아십니까? 6개월이에요. 참, 웃을 일이죠. 3년이 걸리는 일을 어떻게 6개월에 합니까? 그뿐만 아니라 지금 LG가 하려는 건 현실적으로 가장 구현이 어렵다는 선후불형 거리비례 교통요금제입니다. 이게 그냥 스마트카드로 결제한다고 되는 일이 아니란 말입니다. 선불, 후불이라는 경우의 수에다가 거리와 요금을 별도로 체크해서 최종요금을 낸다는 거예요. 그것도 한두 개가 아니라 서울에 있는 수백 개의 노선을……. 이해하시겠어요? 그건 불가능한 일이에요. 마지막으로 하나 더 말씀드릴게요. 만약 시스템이 제대로 작동 안 되면 어떤 일이 발생하는지 아십니까? 국민들이 대중교통을 제대로 이용하지 못해요. 교통 대란이 일어난다는 이야기입니다. 아마 LG CNS가 두 손 두 발 다 들고 항복하고 말 겁니다."

기업이 수익을 창출하는 건 매우 중요한 문제이다. 그렇지만 수익 창출이란 기업 구성원의 삶을 보장하고, 국민의 안정된 생활에 보탬이 될 때 가치가 있다. LG CNS의 서울시 교통카드 시스템 구축 사업은 기업이 어떻게 수익을 넘어서 가치 있는 일을 할 수 있는지를 보여준다. 하지만 이는 전문가들조차 불가능하다고 한 일이었다. 이런 일을 LG는 어떻게 해낸 것일까? 그 해답은 승부근성에서 찾을 수 있다.

2002년 하반기, 인천도시철도 일부 구간에서는 새벽부터 민원이 폭주하기 시작했다. 교통요금이 처리되지 않아 시민들이 큰 불편을 겪게 된 것이다. 당황한 서울시가 원인 파악 조사에 들어갔는데 황당한 일이 발생했다. 교통카드업체와 신용카드사 사이의 수수료 협상이 원활하지 않자, 교통카드업체가 임의로 시스템 자체를 정지시켜버린 것이었다.

그 당시 서울시의 교통 수용 능력은 이미 한계에 달해 있었다. 설상가상 경기도의 신도시개발 계획으로 인해 시간이 지날수록 서울로 출퇴근하는 차량이 급증했고, 심각한 교통 대란이 일어날 것은 불을 보듯 뻔했다.

결국 특단의 조치를 취할 수밖에 없었던 서울시는 LG CNS를 포함한 당시 여러 SI(System Integrator)업체에 서울시 교통문제를 해결할 수 있는 방안을 가져오는 회사에게 전격 지원한다는 파격적인 제안을 공식적으로 하게 되었다.

당시 LG CNS에는 이미 그 일을 해결할 수 있는 드림팀이 구성되어 있었다. IT기술을 통한 B2C 사업은 그간 전략적으로 내부에서 준비되어왔으며, 이 과정에서 스마트카드에 대한 연구 또한 진행되고 있었다. 당시 서울시와의 미팅에 참여했던 LG CNS 담당자는 '지금 이 기회를 절대로 놓쳐서는 안 된다'고 확신했다고 한다.

사업 참여를 확정 지은 LG CNS는 R&D, e-Biz, 컨설팅 등 다양한 직무 영역에 있는 조직원들로 구성된 크로스-펑셔널팀(cross-functional team)'을 신설해 전문성을 높였다. 또 29개나 되는 외부 업체를 컨소시엄에 결합시켰고, 심지어 은행, 일부 자본투자 회사까지 파트너십으로 협약을 맺을 수 있었다. 나중에 안 사실이었지만 빠른 시일 내에 이 정도의 팀을 꾸리는 것 자체에 경쟁사들은 이미 주눅이 들었다고 한다.

규모만 대단한 것이 아니라 당시 LG CNS가 서울시에 제출했던 제안서 또한 경쟁사에서는 상상할 수 없을 정도로 기발했다. 일반적으로 이러한 공공 프로젝트의 경우는 점수 차이가 많아야 5점 정도이지만 당시 LG CNS는 50점 이상의 큰 차이로 합격점을 받았다.

특히 한 경쟁사는 LG CNS보다 무려 500억이나 낮은 가격을 제시했음에도 자신들이 수주를 하지 못한 것에 대해 원통해했다고 한다. 결국 경쟁사는 평가 결과를 믿을 수 없다며 행정소송을 낼 움직임까지 보였다. 하지만 정작 평가 주체였던 서울시는 태평했다. 그만큼 공정한 심사를 거쳐 업체를 선발했기 때문이다. 당시 한 서울시 관계자는 이렇게 이야기했다.

"행정소송을 하더라도 우리는 별 걱정을 안 합니다. 이미 제안서에서 엄청난 차이가 있었습니다."

사실 LG CNS 입장에서 진짜 문제는 사업을 수주한 뒤부터였다. 이 프로젝트에 참여한 팀원들이 드림팀이라고는 하지만 새로운 사업을 시도하는 것이어서 많은 부분을 공부하면서 성과까지 만들어내야 했기 때문이다. 그것도 6개월이라는 짧은 기간 내에 말이다. 'LG가 아무것도 모르면서 이 사업에 뛰어들었다', '실패는 불을 보듯 빤하다', '곧 포기할 것이다'라는 소문이 돌았지만 LG CNS 사람들은 각자의 임무를 기한 내에 완수하기 위해 최선을 다했다. 그들의 가슴속에는 사람들의 우려가 아닌 반드시 해내겠다는 승부근성이 활활 타오르고 있었다. 사업 수주 후 프로젝트팀이 발족하면서 책임자는 이런 말을 했다.

"이 프로젝트는 서울시가 40년 동안 풀지 못했던 교통문제를 해결하는 중요한 과업입니다. 이 프로젝트가 성공한다는 것은 우리나라의 교통 시스템을 완전히 뒤바꾸는 것이고, 우리가 세계 최초의 교통카드 시스템을 개발한다는 것을 의미합니다. 그러니 LG CNS가 이런 위대한 일을 한다는 사명감을 갖고 성공시켰으면 합니다."

답변은 아니었지만 말의 행간에는 결전을 앞둔 전사들의 비장함이 묻어났다.

승부근성을 키워라 1 : 위기는 주관적인 판단이다

프로젝트가 본격적으로 시작되자 위기는 첩첩산중으로 몰려왔다. 단말기 제작을 전담하던 협력업체가 부도를 내면서 프로젝트 전체가 침몰할 수 있는 최악의 상황까지 벌어졌다. 그간 협력업체 대표는 '단말기 제작은 차질없이 진행되고 있다'고 말해왔던 터라 팀원들은 곧 공황상태에 빠지고 말았다. 사태의 수습을 위해 공장을 직접 방문해보니 단말기 생산 라인은 멈춰서 있었고, 제작에 필요한 부품은 주문하지도 않은 상태였다. 더군다나 협력업체 직원들은 몇 개월간 임금을 받지 못해 문제를 수습할 의욕조차 없어 보였다.

자체적으로 단말기를 만들어본 경험이 없어 모든 것을 협력업체에 믿고 맡긴 것이 화근이었다. 위기 상황이 윗선에 보고되었지만 딱히 문제를 해결할 수 있는 묘안이 있을 리는 만무했다. 이미 시스템 개통 시점은 정해져 있는 상태에서 팀원 모두는 망연자실할 수밖에 없었다.

문제를 해결하기 위해서는 국내외 부품 확보가 최우선이었다. 국내 부품 조달의 경우 회사가 부도가 난 상태라서 당장 손쓸 방법이 없었다. 결국 담당 상무는 해외에서 들어오는 부품을 확보하는 데 사활을 걸기로 했다. 해외 부품의 경우 생산은 중국에서, 1차 유통은 홍콩에서, 2차 유통은 한국에서 이뤄지고 있었다. 한국 대리점에 부품 조달 기간을 문의해봤지만 돌아오는 대답은 절망적이었다.

"아마도 6개월 정도 걸릴 텐데요."

6개월이면 모든 프로젝트가 끝나버리는 시점이다. 6개월 후 단말기 제작 부품을 확보한들 무슨 소용이 있겠는가. 결국 가장 빠른 시일 내에 부품을 확보하기 위해 담당 상무는 중국으로 날아갔다. 현장을 보니 기가 막혀 말도 나오지 않았다. LG의 부품 물량은 아예 생산 계획 자체가 잡혀 있지 않았던 것이다. 한숨이 절로 나왔지만 가만히 있을 수는 없었다. 공장장에게 하소연을 해봤지만 반응은 냉담했다. 그렇다고 물러설 수는 없었다. 낮에는 생산 라인에서, 밤에는 식당과 술집에서 끈질기게 공장장을 붙들고 늘어졌다.

인간적인 하소연을 하기도 했고, 지금 닥친 일이 얼마나 큰일인지에 관해서 열변을 토하기도 했다. 악착같이 설득하자 서서히 공장장의 마음이 열리기 시작했다. 공장장은 그 상무에게 "충분히 알아들었으니 돌아가서 기다려라"라고 말했다. 하지만 절박한 상황에서 그의 말만 믿고 기다릴 수만은 없는 일이었다. 상무는 공장 라인이 돌아가고, 부품이 생산되어 포장되기까지를 직접 눈으로 확인했다. 그리고 갓 생산된 제품을 가방에 한가득 들고서야 한국행 비행기에 몸을 실었다. 그 뒤에 중국 공장에서는 이런 이야기가 들려왔다고 한다.

"거, LG CNS가 어떤 회사인지는 잘 모르겠지만 참 대단한 회사인가봐요."

해외 부품 조달이 해결되자 다음으로 해결할 문제는 국내 부품 조달이었다. 협력업체 직원들은 체불된 임금으로 인해 일을 하려 들지 않았다. 일단 임금이 사태 해결의 중요한 열쇠이다보니 급한 대로 LG CNS에서 대신 지불했다. 그 이후 협력업체 직원들과 밥과 야식을 함께 먹으며 조립 라인에 매달려 같이 일했다. LG CNS 사람들의 이러한 노력에 협력업체 직원들은 서서히 의욕을 보이며 제품 생산에 몰두하는 놀라운 변화를 보였다. 당시 LG CNS 직원들은 회사에 나오지 않는 협력업체의 다른 기술자들을 찾기 위해 그들의 집까지 방문했고, 사비를 털어서 선물까지 준비하는 성의를 보이며 그들에게 간곡하게 부탁했다. 처음에는 냉정했던 그들도 결국 하나둘 마음의 문을 열고 단말기 생산에 참여하기 시작했다. 그렇게 해서 최악의 단말기 생산 라인을 정상화시켜놓은 다음에야 겨우 한숨을 돌릴 수 있었다.

단말기 생산 과정에서 발생한 위기에 대처하는 LG 사람들을 보면 과연 위기는 객관적인 것인가, 주관적인가라는 궁금증이 생긴다. 동일한 위기에 맞닥뜨렸을 때 어떤 사람은 못하겠다고 포기하는 반면, 또 어떤 사람은 도저히 포기할 수 없다며 끈질긴 승부근성으로 도전해 자신이 원하는 결과를 반드시 얻어낸다. 결국 위기는 객관적인 상황이 아닌 주관적인 판단에 의해서 그 결과가 결정되는 것이다.

승부근성을 키워라 2 : 정말로 방법이 없다고 생각하는가?

단말기 생산 라인이 안정적으로 돌아가고, 요금정산을 위한 소프트웨어의 초기 버전이 개발되면서 프로젝트는 조금씩 진전의 기미를 보였다. 그리고 다른 한쪽에서는 통신설비 구축 및 단말기 설치 작업이 진행되었다. 통신설비는 800개 사이트, 단말기는 360

개의 지하철 역사와 9,600여 대의 버스에 직접 달아야 했다. 이것도 짧은 시간 내에 완수해야 하는 것은 마찬가지였다. 팀원들은 시간이 흐를수록 피가 마를 정도로 애가 탔다.

통신설비 구축이 시작되면서 직원들의 한숨이 깊어졌다. 막상 통신설비를 설치하기 위해 지도상에 표시된 곳으로 가보면 허허벌판인 경우가 한두 번이 아니었기 때문이다. 황무지에 통신설비를 구축하기 위해서는 전화선부터 깔아야 했고, 또 어떤 곳은 전화선조차 깔기 힘들었다. 이 일을 완수하기 위해서 KT에 전화를 해서 서울시의 이름으로 재촉하는 한편 주변에 상가가 전혀 없는 곳에서는 휴무 중인 버스를 빌려 임시 사무실로 사용하는 등 다양한 방법을 동원했다.

하지만 이보다 더 큰 난관은 버스 운수업체와 지하철 직원 일부의 반대였다. 신규 시스템이 개통되면 지하철 직원들의 경우 인력 감축을, 버스 운수업체의 경우 보조금 축소를 우려했던 것이다. 그러다보니 그들과 부딪히는 일이 많았지만 그중에서도 프로젝트 팀원들을 가장 힘들게 한 것은 그들을 향한 차가운 말이었다.

"니들이 우리 밥줄 끊으려는 거 아냐!"

이런 말을 들을 때마다 팀원들은 이 프로젝트가 왜 필요한지 열심히 설명했다. 하지만 당시에는 이런 말이 잘 받아들여지지 않았다. 팀원들의 입에서는 "아우, 못해먹겠다"라는 말이 습관처럼 나왔다.

그렇다고 어렵게 따낸 프로젝트를 포기할 수는 없었다. 반대하는 사람들과 몸싸움을 각오하고 일을 마무리하기 위해 작업 장소를 사수했고, 낮에 작업을 하지 못하게 막으면 밤에 몰래 들어가서 작업했다. 버스 운전기사들에게 단말기 사용법을 교육시키기 위해서 더운 여름에 파라솔과 아이스크림, 음료수를 한가득 사들고 가서 인간적으로 가까워지려는 노력을 하기도 했다. 또한 교육 전에 분위기를 띄우기 위해 팀원들이 직접 노래를 부르기도 했다. 이러한 팀원들의 노력은 오로지 '개통 날짜를 지켜야 한다'는 사명감으로 계속되었다. 그리고 그들이 땀 흘리며 고수한 목표의식은 어떠한 난관도 넘어서야 한다는 강력한 의지를 불러일으켰다. 강력한 의지는 갖은 어려움에도 불구하고 사업을 포기하지 않고 문제를 해결할 수 있는 방법들을 찾아내는 원동력이 되었다.

대부분 승부근성이 부족한 사람들은 방법을 찾기 전에 포기를 선언한다. 방법이 없으니 해결할 수도 없다. 그런 점에서 우리는 과연 자신 또는 자신이 속한 조직이 일을 진행하는 과정에서 부딪히는 갖가지 난관을 극복하기 위해 어떻게 하고 있나 스스로 되돌아봐야 한다. 그리고 방법 찾기를 포기하는 순간, 문제 해결도 불가능하다는 것을 명심해야 한다.

승부근성을 키워라 3 : 가치 있는 일에는 위대한 의지들이 모인다

예정된 개통 날짜가 이틀 앞으로 다가왔다. 그동안 최선을 다해 준비했지만 부족한 점은 너무나 많았다. 임원진들 사이에서도 '개통해야 한다'와 '개통을 연기해야 한다'는 의견을 놓고 격렬한 논쟁이 벌어졌다. 고객과 약속한 시간에 보다 완벽한 서비스를 제공하는 것은 기업의 의무이며, 혹여 이를 지키지 못하는 것은 분명히 기업의 책임이다. 그런데 당시 문제는 개통 날짜를 연기한다고 해도 완벽한 서비스를 보장할 수 없다는 데 있었다. 선례가 없었던 만큼 실제 개통을 하기 전까지는 어떤 문제가 발생할지 예측하기가 쉽지 않았던 것이다. 최종 결론은 역시 예정된 시간에 개통을 해야 한다였다.

그 대신 개통한 뒤에 만약 문제가 발생하면 어떻게 처리할 것인지에 대한 대책을 고민하기로 했다. 후속조치가 조속히 이루어지지 않으면 국가적으로 교통 대란이 발생할 것이고, 그 화살은 LG CNS로 고스란히 돌아올 것이 뻔했기 때문이다.

후속조치에 들어갈 인원을 추정한 결과 최소 인원만 무려 2,000명이었다. 눈앞이 캄캄했다. 이미 사업자금은 거의 바닥을 드러내고 있었고, 갑자기 2,000명을 고용하는 것은 현실적으로 불가능했다. 고민 끝에 나온 해결 방법은 LG CNS 전 직원에게 호소해 그들의 도움을 받는 것뿐이었다. 아무 대가 없이 순수하게 돕겠다는 동료들이 절실하게 필요했다. 직원들의 협조만 있다면 상황은 예상보다 훨씬 쉽게 풀릴 수도 있었다. 그렇지만 과연 이런 일이 일어날 수 있을까?

프로젝트팀은 사내게시판을 통해 이번 프로젝트가 LG CNS, 서울시, 서울시민들에게 주는 가치와 의미, 그리고 동료들의 협조만이 이 프로젝트의 최종적인 성공을 담보할 수 있다는 간곡한 부탁을 담은 글을 올렸다. 이제 남은 것은 동료들이 자발적으로 나서주기만을 기다리는 수밖에 없었다.

기적 같은 일이 벌어졌다. LG 역사상 단 한 번도 없었던 대규모 자원봉사 요청에 무려 1,500명에 가까운 사람들이 신청했고, 사내 자원봉사자 교육 장소에 빽빽하게 모여들었다. LG CNS 직원들 4명 중 한 명이 참여해야만 일어날 수 있는 기적이었다. 팀원들도 놀랐지만 그곳에 모인 사람들은 더욱 놀랐다. 평범하면서도 위대한 LG 사람들의 단결된 힘을 확인할 수 있는 자리였다.

6개월간 고생으로 점철된 행군이 끝을 맺는 새벽 4시 30분, 모든 팀원들과 자원봉사자들은 침을 꼴깍꼴깍 삼키며 시계를 바라보았다. 드디어 새로운 교통카드 시스템이 적용되는 첫 순간이었다. 하지만 상황실은 순식간에 아수라장으로 변했다. 상황실에 설치된 10대의 전화기에서 거의 동시에 전화벨이 울리면서 시스템 이상이 보고되기 시작했다. 곧이어서 시스템 전체가 다운되고 말았다. 프로젝트 성공에 대한 바람이 간절했던 만큼 충격도 컸다. 당시 한 프로젝트 팀원은 이렇게 이야기했다.

"제 인생에서 제일 놀란 일이었을 겁니다. 그렇게 공들여 구축한 시스템이 한순간에 다운됐다고 하는데……. 그 충격은 정말 어마어마했습니다."

충격으로 정신을 놓고 있을 새도 없었다. 문제가 발생한 원인을 밝혀내고, 빠른 시간 내에 해결해야 하는 것이 급선무였다. 팀원들과 자원봉사자들은 현장에서 불만을 토로하는 시민들에게 일일이 사과했고, 사용 방법을 모르는 운전기사들에게는 친절하게 매뉴얼을 알려주면서 하나씩 문제를 수습해나갔다. 자원봉사자들은 배정된 시간을 넘겨 새벽까지 남아서 업무를 지원해주었다.

그렇게 일주일이 지나면서 긴박했던 상황은 조금씩 정리되어갔다. 시민들의 불편도 상당수 줄어들었고, 시스템은 정상에 가까울 정도로 회복되었다. 이후 3개월간 계속된 후속조치로 시스템 성능을 100% 이상으로 끌어올릴 수 있었다. 결과는 대만족이었다. 서울시와 도시철도 관계자들은 한결같이 입을 모았다.

"역시, LG CNS가 최고예요. 모두가 불가능하다고 했던 일을 결국에는 해냈잖아요!"

프로젝트가 끝난 뒤에도 교통카드 시스템은 끊임없이 진보하고 있다. 이제 서울시민들은 교통카드 한 장으로 택시도 타고, 공중전화는 물론 편의점이나 공영주차장 요금, 혼잡통행료도 지불할 수 있게 되었다. 또 굳이 현금을 가지고 다니지 않아도 어디에서나 자유롭게 요금을 지불할 수 있게 되었다. 하루 이용 처리 건수 역시 비약적으로 높아져 그만큼 발빠른 서울을 만들어냈다. 현재는 6시그마 이상의 품질 수준을 유지, 최고의 시스템 안정성을 보이고 있다.

서울시의 교통카드 프로젝트는 어떤 면에서는 최악의 프로젝트였다. 심지어 어떤 직원들은 교통카드 프로젝트를 '고통카드 프로젝트'라고 부르기도 했다. 프로젝트가 막바지로 접어들 무렵 직원들은 집에 못 들어가는 경우가 허다했다. 새벽 1시에 퇴근해서 다시 새벽 5시에 출근하는 일은 다반사였고, 사무실 의자나 바닥에서 잠을 청하는 사람도 쉽게 찾아볼 수 있었다. 후일담이지만 어떤 직원은 당시 양말을 갈아 신지 못해 무좀에 걸리기도 했다고 한다. 제3자 입장에서 보면 양말 정도야 회사 앞 편의점에서 얼마든지 사서 신을 수 있는데 어떻게 무좀에 걸릴 수 있느냐고 할 수도 있다. 하지만 프로젝트에 완벽하게 몰입한 그들은 양말을 사서 신어야겠다는 생각 자체를 하지 못했던 것이다.

LG CNS가 불가능하다고 말하던 프로젝트를 성공시킬 수 있었던 가장 큰 요인은 바로 강한 승부근성으로, 그들은 불가능이라는 벽을 깨뜨려버렸다. 그런 만큼 그들의 가슴속에 불가능한 프로젝트를 해냈다는 자부심은 영원히 남게 되었다.

과연 나는 어떤 자세로 일을 대하고 있는가? 그리고 나의 팀원들, 나의 조직은 무엇을 생각하며 프로젝트를 이끌어가고 있는가? 문제와 난관을 대하는 태도와 자세는 어떤가? 눈에 보이는, 그래서 예상할 수 있는 방법이 사라지면 어떻게 대처해나가는가?

이 질문들에 대해 그 어떤 핑계와 변명도 하지 않고 당당하게 '나는 반드시 해낸다'라고 말하는 태도야말로 진정한 승부근성이라고 할 수 있다.

chapter 09

승부근성,
명품 PVC 파이프를
탄생시키다

똥파이프를 팔겠다던 LG맨의 전설

2002년 한·일 월드컵을 위해 한국 축구대표팀을 맡은 거스 히딩크 감독. 하지만 그의 기대와는 다르게 대표팀을 맡은 초반, 한국 대표팀이 각종 국제대회에서 연이어 패배하자 이렇게 선수들을 나무랐다.

"한국 선수들은 킬러 인스팅트(killer instinct)가 없다."

킬러 인스팅트는 바로 승부근성을 지칭하는 말이다. 히딩크 감독의 지적 이후 한국 선수들은 월드컵을 전후해 비약적인 발전을 거듭했다. 그렇다고 한국 선수들이 처한 조건이 크게 달라진 것은 아니었다. 그동안 탁월한 비책이 수립된 것도 아니었고, 엄청나게 좋은 축구장이 생긴 것도 아니었다. 전에 없던 한국 축구팬들의 열띤 응원이 갑자기 생겨난 것도 아니었다. 그럼에도 불구하고 한국축구는 전 세계를 놀라게 할 정도로 성장했다. 그것은 외부환경이나 물리적인 변화가 아닌, 바로 머리와 가슴으로 싸우는 강한 승부근성을 길렀기 때문에 가능했다.

승부근성은 온전히 정신적인 영역에 속한다. 객관적인 환경이 좋아진다고 승부근성이 길러지는 것은 아니다. 그것은 악착같은 정신력, 독한 마음, 이기지 않으면 차라리 죽어버리겠다는 결연한 승부사의 기질이기도 하다.

일부 사람들은 LG에게서 강한 승부근성이 안 보인다고 말하기도 한다. 독하게 승부하는 면모가 부족하다는 것이다. 하지만 그것은 표면적인 모습을 평가하는 것에 불과하다. LG화학의 PVC 파이프 사업 개척기를 살펴보면 땀으로 얼룩진 그들의 승부근성에 혀를 내두를 것이다.

당시 PVC 파이프는 품질이 좋지 않아 고객에게 철저하게 외면당하던 시절이었다. 오죽하면 PVC 파이프를 '똥파이프'라고 했겠는가. 국내 업자들에게 PVC 파이프는 그저 탄산칼슘에 돌가루를 섞어 만들었던 회색의 저급 제품에 불과했다. 버젓이 KS마크를 달고 있었지만 그 규격 기준 자체가 너무 낮게 설정되어 있다보니 조금만 수압이 높아져도 터져버리기 일쑤였다. 한마디로 형편없는 수준의 품질이었던 것이다.

2004년, LG화학은 이 PVC 파이프에 눈길을 주었다. 물론 이유가 있었다. 일본의 경우 이미 상수도관의 80%가 PVC 파이프를 사용하고 있었고, 캐나다는 75%, 동남아는 40% 정도였다. 유독 우리나라에서만 PVC 파이프가 외면당하고 있었던 것이다. LG화학은 이 점에 주목했다. 하지만 국내에서는 PVC 파이프로 뭔가를 해보겠다는 것 자체가 터무니없는 시도로 여겨졌다. 결국 PVC 파이프의 유용성은 외국에서나 의미 있는 일이었던 셈이다. 당시 PVC 파이프로 시장을 개척할 수 있는 방법을 알아보라는 지시를 받았던 한 직원은 이렇게 생각했다고 한다.

'이거, 지금 나보고 회사 그만두라는 건가?'

열심히 회사생활을 하고 있는 직원에게 어처구니없는 지시를 했다고 생각할 만큼 PVC 파이프에 대한 인식이 좋지 않았던 것이다. PVC 파이프의 위상은 딱 그 정도였으니까.

'그래, 시키니까 일단 해보기는 하겠지만……'이라는 생각으로 시장 조사를 시작했는데 문제는 관련 자료가 아무것도 없는 상태였다. 하다못해 상업적인 용역 연구 결과도 없었다. 더군다나 PVC 파이프의 품질 자체가 워낙 열악하다보니 사업성에 대해 언급하는 사람조차 무시당하는 상황이었다. 당시 시장 개척에 나섰던 한 팀원의 이야기이다.

"당시 건설사들은 자재를 직접 사용하는 사람들이었다. PVC 파이프를 개떡같이 보고 있으니까 그것을 말하는 나도 개떡 같은 사람이 되었다. 그래서 그것을 상하수도 파이프로 쓰는 것은 상상할 수 없었던 것이다."

한마디로 개떡 같은 LG맨이 똥파이프로 뭔가를 해보려고 휘젓고 다니는 꼴이었다. 상황이 그러하니 사업을 개척한다고 돌아다녀봐야 매일매일 맨땅에 헤딩하기 일쑤였다. 무조건 철물점에 찾아가 주인과 인터뷰를 해보기도 했고, 철물 도매상과 건설사로 분주하게 돌아다니기도 했다. 관공서도 예외는 아니었다. 토지공사, 수자원공사, 상하수도협회 등 닥치는 대로 전화를 걸어 만나달라고 졸랐다. 지인에게 사업물량이 있다는 말을 듣고 무작정 목포시청에 전화를 해 사정을 한 적도 있었다. 제품을 생산하는 중소업체에 찾아가 뭔가를 물어보려고 해도 한 번 이상 만나기도 힘든 실정이었다. LG가 간다니까 한 번은 만나주었지만 그것으로 끝이었다. LG 입장에서도 제조업체에 제안할 만한 사업 아이템이 전혀 없다 보니 난감했다. 그나마 학연, 지연을 총동원해 찾아가는 곳에서나 호의적인 협조를 구할 수 있었으나 여전히 비협조적인 곳이 많아 자료를 확보하는 데 어려움을 겪었다.

당시 LG화학 직원들은 업체를 찾아가 명함을 주고받을 수 있는 기회를 갖는 것만으로도 고마워할 정도였다. 하지만 이런 냉대와 비협조적인 반응은 LG화학 팀원들의 승부근성을 서서히 달구기 시작했다. 한 팀원은 그때의 기억을 떠올리며 이렇게 이야기했다.

"솔직히 나 역시 스탠더드한 삶을 살아왔다. 좋은 환경에서 자랐고 좋은 대학도 나왔다. LG라는 대기업에 다니니 남들에게 부러움도 받아왔다. 그런데 새로운 사업을 시작하면서 가는 곳마다 개밥그릇 취급을 당했다. 회사를 그만둘까도 생각했다. 하지만 어느 순간 그게 아니라는 사실을 깨달았다. 이제까지 내가 기득권에 편승해 쉽게 해결하려고 했었던 것은 아니었을까? 그런 것들이 나의 얄팍한 자존심을 지탱해주었던 것은 아니었을까? 정말이지 업무에서도, 인생에서도 큰 공부를 했다. 이걸 못해내면 결국 내 인생도 실패하는 게 아닐까하는 생각도 들었다. 스트레스를 많이 받았지만 그럴수록 끝까지 가보자, 될 때까지 해보자는 오기가 생겼다."

시장이 어떻게 돌아가는지 파악하는 데만 6개월이 걸렸다. 그 후로도 2년여 동안 뚜렷한 성과없이 지지부진한 상황이 계속되었다. 하지만 채찍질을 해도 모자랄 임원들은 쉼없이 팀원들을 지원하고 독려해주었다.

"솔루션 활동이란 게 바로 이런 거다. 멈추지 말고 끝까지 해보자!"

회사 차원의 보이지 않는 지원도 큰 힘이 되었다. 매출을 포기하라는 것은 아니지만 우선 매출보다 솔루션 가치에 중점을 두자는 의지를 보여주었다. 결국 근시안적 관점에서 바라보지 말 것을 당부한 것이었다.

이 과정에서 팀원들은 서서히 자신감을 갖기 시작했다. 그리고 마침내 대학교수와의 공동연구를 통해 PVC 파이프의 물성을 변화시켜 고품질 PVC를 만들어내는 데 성공했다. 제일 먼저 국가기관을 설득해 KS 규격 기준 자체를 바꿨다. 기존의 낮은 수준의 규격 기준이 제품의 질을 하락시키는 주범이었기 때문이다.

그러나 현장 작업자들의 반응은 싸늘했다. 고품질의 PVC 파이프 샘플과 구체적인 자료를 들고 가 설득했지만 그들은 여전히 기존의 PVC 파이프를 고집했다. 그들의 마음이 쉽게 움직일 것 같지 않았다. 몇 번 같이 술을 마신다고 해서 해결될 일도 아니었다. 결국 필요한 것은 그들에게 뼛속 깊이 LG에 대한 신뢰를 심어주는 것이었다. 그들의 믿음을 얻기 위해 LG화학 팀원들은 작업복과 작업화를 항상 휴대하고 다녔으며, 현장에서 안전모를 쓰고 그들과 함께 일을 하기 시작했다. 그들의 열정에는 자정도, 새벽도 상관없었다. 그런 그들을 바라보는 현장 작업자들이 의아해할 정도였다.

"처음 보는 얼굴인데, 신참인가?"
"아니오, 저희는 LG화학 직원입니다."
"여기 작업은 LG화학이랑 상관없는데, 여기서 뭐하고 있어?"

현장에 나가면 대개 이런 식의 대화가 반복되었다. 하지만 시간이 지나면서 서서히 현장 작업자들과 친해졌고, LG가 만든 PVC 파이프의 우수성이 조금씩 알려지기 시작했다.

팀원들의 아내들도 처음에는 도저히 이 일을 이해하지 못했다. 양복을 입고 대기업에 다니던 남편이 갑자기 흙투성이 작업복에 작업화를 신고 퇴근하는 것이 다반사이니 오해할 수밖에 없었다. 처음부터 회사 상황을 구구절절 설명하지 않았던 터라 혹시 구조조정이 된 것은 아니냐며 걱정하는 아내들도 있었다. 하지만 그런 오해에도 LG화학 직원들은 굴하지 않았다. 그럴 수 있었던 이유를 한마디로 짧게 설명했다.

"꼭 해내야 하는 것이니까요."

 이러한 끈질긴 노력의 결과로 LG화학은 똥파이프를 명품 PVC 파이프로 재탄생시킬 수 있었다. 심지어 선발업체였던 일본보다 더욱 우수한 제품을 만들어 새로운 고객 가치를 창조한 리딩 컴퍼니가 될 수 있었다.

 그 이후 서서히 지자체의 상하수도 공사에도 PVC 파이프가 들어가기 시작하여, 그 누구도 PVC 파이프를 똥파이프로 부르는 일은 없어졌다. KS 산업 규격까지 바꿨으니 한마디로 국내 PVC 역사를 새롭게 써냈다고 해도 과언이 아닐 것이다.

 이 모든 것의 원동력은 역시 승부근성이었다. 퇴사를 생각할 정도의 극단적인 상황에서 다시 피어난 강한 의지, 독하게 한번 승부해보겠다는 결의, 기왕 시작한 거 끝장을 보겠다는 결심, LG화학의 독한 승부근성은 이렇게 해서 똥파이프를 팔던 개떡 같은 LG맨의 성공 신화를 써낼 수 있었다.

LG Insight

B2B 시장에서 신규 제품의 확산 속도를 높이려면

일반 B2C 시장의 경우 제품의 확산 속도는 기술력과 마케팅력에 의존하지만 B2B 시장에서는 그것만으로 승부를 낼 수 없다. 그렇다면 B2B 시장에서 빠르게 제품의 확산 속도를 높일 수 있는 방법은 없을까? 답은 전략적 선택과 집중이다.

LG화학은 우선 총 40개가 넘는 파이프 생산업체 중에서 5개사를 선정하여 이들을 리딩 컴퍼니로 끌어올리겠다는 계획을 세우고 집중적인 지원을 했다. 결과적으로 이 5개 업체의 매출은 2배가 껑충 뛰었다.

B2B 시장의 경우 이러한 성공 사례를 만들게 되면 제품의 확산 속도는 더욱 빨라지게 된다. 특히 현장에서 일을 하는 업체들은 직접 눈에 보이지 않는 것에 대해서는 과감한 변화를 시도하지 않기 때문에 눈에 보이는 성과를 제시해야 한다. 참고로 이때 파급효과가 가장 큰 업체에서 성공을 거두면 제품의 확산 속도가 급속도로 빨라진다.

chapter 10

목표를 향해
집중해서 뛰어라

새로운 사고가 만들어낸 속도의 힘

LG가 장기 투자를 경영의 중요한 원리로 삼는다고 해서 순발력이 필요한 단기 사업을 게을리한다는 것은 아니다.

그런 점에서 LG 사람들은 한 번 속도를 내기 시작하면 무섭게 목표를 향해 치고 나가는 추진력을 보여준다. 시작할 때에는 신중에 신중을 기하지만 일단 맞다는 판단이 서면 그 어떤 장애물에도 아랑곳하지 않고 전진한다. 2009년 신종플루로 온 나라가 떠들썩할 때, LG생명과학은 단 한 달 만에 '신종플루 진단 키트'를 만들어냈다. 신종플루 같은 유행성 질병에 관련된 사업은 속도에 의해 그 성패가 갈리기 때문에 LG생명과학 사람들은 전투적인 사고로 똘똘 뭉쳐 밤낮없이 연구에 매진했다.

그 결과 신종플루 진단 키트 개발에 투자된 비용은 5,000만 원에 불과했지만 매출은 무려 100배에 달했다. 가을에 출시한 제품으로 겨울이 다 가기 전까지 50억 원에 달하는 매출을 올렸다.

이렇듯 속도전의 경우 짧은 시간 동안 집중적인 노력을 투입해 최대의 매출을 올리는 방식인 만큼 성공했을 경우 예상치 못한 결과를 낳는다.

LG생명과학은 신종플루의 전 세계적인 확산과 관련해서 꾸준히 정보를 스크랩해오고 있었다. 멕시코와 미국에 전염이 확산되고 있다는 소식을 들을 때만 해도 사업화하기에는 시기상조라고 판단했다. 하지만 8월 신종플루로 인한 국내 사망자가 발생하면서 상황은 급박하게 돌아가기 시작했다. 사업 아이템도 아이템이지만 신종플루가 확산되면 자신의 가족과 동료, 그리고 더 넓게는 대한민국 전 국민의 안전에 치명적인 위협이 될 수도 있었다.

국내 사망자에 대한 소식과 연이은 신종플루 확산에 대한 언론 보도를 접한 후 LG생명과학 팀은 긴급회의를 소집했다. 그리고 그동안 모아두었던 자료를 공유해 한 달 만에 신종플루 진단 키트를 만들자는 목표를 세웠다. 신종플루가 확산되어 언제, 누가 피해자가 될지 모르는 상황에서 여유를 부릴 시간이 없었다. 참고로 일반적인 상황에서는 신규 제품 개발에 대한 승인을 얻는 데만 2개월 정도가 걸리고, 시중에 판매하기 위한 양산까지 1년여의 기간이 소요된다. 하지만 LG생명과학 연구원에게 주어진 시간은 고작 한 달. 상식적으로 생각해도 납득하기 어려운 목표였다. 하지만 팀원들은 모든 정상적인 절차는 생략하고 위급 상황에 맞춰 일을 진행하자는 내부적인 목표를 세우고 일사분란하게 움직이기 시작했다. 그렇다고 무작정 빨리 만들기에 급급한 것은 아니었다. 기존에 고객과 맺고 있는 신뢰 관계에 금이 가는 일이 발생해서는 안 된다는 원칙은 고수했다. '신종플루 진단 키트 역시 LG가 만든 제품은 편리할 뿐더러 정확해'라는 고객 평가가 보장될 수 있을 만큼의 품질도 뒤따라야 했던 것이다.

그러나 연구는 초기 단계부터 난항에 부딪혔다. 기본 기술이야 그간 꾸준히 개발해온 플랫폼을 활용한다 하더라도 바이러스 샘플을 확보하는 것은 무척 힘든 일이었다. 결국 LG생명과학 직원들이 직접 병원으로 출근해 바이러스 샘플을 가지고 실험을 하는 방법밖에 없었다. 그것도 병원에 지장을 주지 않기 위해 병원 업무가 다소 적은 늦은 밤시간을 선택했다. 며칠 동안 밤을 새워 샘플 키트를 만들고, 이것을 KTX로 주고받으면서 임상용 제품으로 만들어냈다. 바로 병원에서 임상 테스트를 하고 드디어 특허출원을 신청했다.

이 모든 과정에 소요된 시간이 채 한 달이 걸리지 않았다. 막상 신종플루 진단 키트를 만들어놓고 보니 LG생명과학 직원들조차 놀라지 않을 수 없었다. 특히 제품의 차별화 면에서 탁월했다. 다른 회사 제품들의 경우 두 개의 튜브를 사용해야 했지만 LG 제품은 하나의 튜브로도 진단이 가능했다. 그뿐만 아니라 기존 제품으로는 동시 진단이 24명에 불과했지만 LG 제품은 그 2배인 48명이 가능했던 것이다. 이러한 탁월한 제품 차별성은 순식간에 업계에 퍼지면서 무서운 속도로 팔려나가기 시작했다. 애초에 잡았던 목표액은 20억 원 정도였는데 막상 그해 겨울이 가기 전까지 실제 매출액은 50억 원에 이르렀다. 예상 목표액 200% 초과달성에 투자 대비 100배에 가까운 수익을 이뤄낸 것이다. 당시 개발에 참여했던 한 직원은 이렇게 평가했다.

"새로운 사고방식으로 접근했던 것이 주효했다."

사실 속도전을 이끌어낼 수 있었던 근본적인 배경에는 새로운 사고방식이 자리 잡고 있었다. 보수적인 방법으로 사고하면 위기 상황에서 최소한의 리스크만을 감수하는 안정적인 판단을 하기 마련이다. 반면 신종플루 진단 키트 개발에서 빛을 발했던 LG생명과학 팀원들의 도전적인 사고는 리스크를 끌어안고 상황을 중심으로 인력을 재배치하고 마음속에 '반드시 해내겠다'는 의지를 품었기 때문에 가능했다. 그리고 이 도전적인 사고는 결국 LG가 가지고 있는 승부근성과 떼려야 뗄 수 없는 연관을 맺고 있다.

LG Insight

B2B 영업이 강해지는 키워드, 최종 소비자

흔히 B2B 영업이라고 하면 최종 소비자에 대한 개념은 버리고, 제품을 구매하는 회사를 고객으로 인식하기 쉽다. 그래서 최종 소비자에 대한 마케팅이나 그들을 위한 배려를 미처 하지 못하는 경우가 허다하다. 하지만 본질적으로 B2B 영업 역시 최종 소비자들의 강한 구매력을 염두에 두어야 시장 장악력을 획득할 수 있다.

LG디스플레이가 IPS 패널을 개발해 중국 시장으로 진출할 때였다. 당시 중국 가전제품 시장의 경우 최종 소비자가 아닌 전자 제조사들이 제품을 구입해 매장에 공급하는 방식이었기 때문에 LG디스플레이의 고객은 사실상 중국 전자 제조사들이었다. 하지만 LG는 발상을 바꾸는 새로운 시도를 했다. 어차피 매장에서 LG 제품을 구매하는 것은 최종 소비자였기 때문이었다. 그들이 특정 패널 제품에 관심을 갖고 해당 제품을 찾도록 하면 전자 제조사들에서 LG디스플레이에 주문을 넣을 것이 분명했다. B2B 영업에서 최종 소비자 구매력을 최대한 활용해보자는 발상의 전환이었던 셈이다.

만약 이 전략이 성공하기만 한다면 고객사인 중국 전자 제조사에 전적으로 의지하는 유통구조를 깰 수 있었다. LG디스플레이가 중국 전자 시장에서 영업적으로 우위에 설 수 있는 절호의 기회였다. 더 나아가 판매하는 자가 구매하는 자를 압도하는 위상의 변화까지도 점쳐볼 만했다.

LG디스플레이는 당장 시장 조사에 나섰다. 그 결과 중국인들은 TV를 구매할 때 감성적인 성향을 보였고, 제품 구매 당시 매장에 있는 현장 프로모터들에게 가장 많은 영향을 받는다는 사실을 알게 되었다. 이렇게 준비를 마친 LG디스플레이는 B2B 영업을 위한 최종 소비자 공략에 들어갔다.

가장 핵심적으로 생각한 것은 바로 최종 고객에게 IPS 패널의 우수성을 눈으로 확인시키는 것이었다. LG디스플레이의 직원들은 각 가전제품 매장으로 달려가 IPS 패널 TV와 경쟁 제품인 VA 패널을 장착한 두 대를 매장에 놓고 "두들겨 보세요. VA 제품은 두드리면 빛을 보이며 불안정한데, LG 제품은 이렇게 세게 두드리거나 흔들어도 안정적으로 구동합니다"라고 홍보하기 시작했다.

실제 IPS 패널을 장착한 TV에는 'IPS Inside'라는 스티커를 붙여놓기도 했다. 결과는 예상보다 훨씬 좋았다. 최종 소비자들이 IPS 패널의 우수성을 알고 구매하기 시작하자 중국 전자 제조사들은 앞다투어 IPS 패널을 주문했다. 전자 제조사들에게 어떤 마케팅도 하지 않았음에도 불구하고 B2B 영업은 자연스럽게 이루어졌다. 또 이런 프로모션 전략을 통해 48%였던 IPS 패널 TV의 시장점유율은 57%까지 올랐다. 자연스럽게 42인치 패널 시장점유율도 55%에서 74%까지 올랐으며, 28%에 맴돌던 47인치 패널의 시장점유율도 38%까지 상승했다.

그뿐만 아니라 프로모션을 시작하기 전 35%였던 LG의 브랜드 인지도가 6개월 만에 14% 증가, 49%로 개선되었다. 또 IPS 패널이 장착된 TV를 구매하는 것이 마치 인텔사의 칩이 들어간 PC를 구매하는 것 같은 효과를 발휘하기 시작했다. 최종 소비자들은 크기나 디자인이 아닌 IPS 패널이 장착된 기능성 TV와 그렇지 않은 TV로 나누어 인식하게 되었다. 2010년에는 중국의 주요 온라인쇼핑몰에서 IPS 패널 TV 제품 카테고리가 별도로 표기되어 판매되고 있을 정도로 소비자들의 인지도가 높아졌다. 이는 우수한 품질의 제품으로 인정받았기에 가능한 일이었다.

사실 LG디스플레이가 했던 마케팅 전략은 기존 B2B 영업에서는 생각하지 못한 방법이라고 해도 과언이 아니다. 실제 LG 내에서도 '우리는 부품업체이기 때문에 최종 소비자 마케팅이 필요없다'고 생각했고, 실제 그런 인력 자체도 없었다. 하지만 LG디스플레이 직원들은 용기를 갖고 새로운 시도를 통해 중국 TV 시장을 석권하는 쾌거를 올릴 수 있었다. LG디스플레이의 이 전략은 최종 소비자를 설득하면 B2B 영업에서 막강한 힘을 발휘할 수 있다는 메시지를 주는 좋은 사례로 남았다.

Part 3

고객에게 올인하라, 시장은 저절로 따라온다

고객의 마음속으로 파고드는
LG의 접근법

"생각지도 못한 가치로 고객을 놀라게 하라"

'고객이 가치 있게 여기는 것은 무엇인가?'라는 질문,
즉 그들의 필요와 욕구, 기대를 만족시키는 것에 대한 질문은
너무 복잡해서 오직 고객들로부터 답을 구할 수 있다.
여기서 첫 번째 원칙은 비이성적인 고객이란 없다는 점이다.
거의 예외없이, 고객들은 자신의 현실과 상황에 따라서 합리적으로
행동한다. 리더들은 답을 추측하려고 시도해서는 안 되며,
언제나 조직적으로 답을 탐색하면서 고객을 향해야 한다.

현대 경영학의 대가, 피터 드러커 (1909~2005)

chapter 11

고객의 행동에 집중하라

소비자는 무엇에 열광하는가?

1995년 세계 최초로 인터넷 검색엔진을 개발한 야후(www.yahoo.com)는 말 그대로 대박에 가까운 성장세를 이뤄냈다. 그 후 그들은 수익 창출을 위한 새로운 전략을 마련했다.

'많은 사람들이 야후를 찾으니 어떻게 해서든 그들이 오랫동안 야후에 머물게 하면서 배너광고를 보여줄 수 있다면 우리는 엄청난 수익을 얻을 수 있을 것이다.'

그래서 그들은 네티즌들을 붙잡는 검색 포털사이트를 전략적으로 만들기 시작했다. 미디어에 대한 대대적인 투자를 하면서 볼거리, 즐길거리를 계속 늘려나간 것이다. 물론 야후는 그것이 고객을 위한 것이라고 생각했다.

후발주자로 등장한 구글(www.google.com)의 생각은 정반대였다. 검색 포털사이트를 찾는 사람들의 목적이 검색을 하기 위한 것이라면, 어떻게든 빨리 답을 찾고 떠날 수 있도록 해야 한다고 판단한 것이다. 그래서 그들은 흰색 바탕에 오직 검색창만 띄우는 파격적인 초기화면을 만들었다. 구글 역시 그것이 고객을 위한 것이라고 생각했다.

붙잡는 포털과 빨리 떠나게 만드는 포털, 모두 다 자신들의 논리로 고객을 위한 것이라고 생각했지만 그 결과 차이는 확연하게 나타났다. 2009년 구글의 미국 시장점유율은 65.1%인 반면 야후는 17.5%에 불과했다. 한때 엄청난 기세로 인터넷 세상을 점령할 것만 같았던 야후의 추락과 구글의 약진이 의미하는 바는 과연 무엇일까?

그것은 바로 고객 가치라는 점이다. 야후는 고객이 포털사이트에서 무엇을 기대하는지, 그들이 왜 포털을 찾는지에 대해 자문자답했지만 그저 많은 네티즌들이 몰리고 있다는 현상만 포착하는 데 그치고 말았다. 반면 구글은 현상의 이면에 숨어 있는 진정한 고객 가치를 통찰했다. 바로 이것이 한때 인터넷 왕국을 건설할 것 같았던 야후를 구글이 큰 격차로 따돌릴 수 있었던 본질적인 차이점이다. 비단 야후와 구글뿐만 아니라 정글 같은 시장에서 승리하는 기업들은 예외없이 고객 가치라는 본질적인 면에 집중하려고 노력한다.

LG 역시 지금 같은 지속적인 성장세를 기록하면서 글로벌 시장의 강자로 우뚝 설 수 있었던 것은 무엇보다 고객 가치 창조를 핵심 사안으로 두고 노력했기 때문이다. 그런데 아직도 경영진들이나 사업 담당자들은 고객 가치가 공허한 구호에 불과하다고 생각하는 경우가 적지 않다. 그뿐만 아니라 고객 가치를 고객 감동이나 고객 만족이라는 말과 크게 다르지 않다고 생각하는가 하면, 깜짝 놀랄 만한 신제품을 만들어내면 시장을 평정할 수 있다고 호언장담을 하기도 한다.

하지만 고객 가치는 그렇게 단순하지 않다. 그것은 고객의 니즈에 대한 일종의 통찰이 수반되어야 하기 때문이다. 단순히 고객에게 만족을 주거나 신제품을 만들어내는 것과는 차원이 다르다.

고객 가치를 창조하기 위해서는 고객의 라이프스타일에 깊숙이 파고들어가 심도 깊은 연구와 고민을 해야 할 뿐만 아니라 그들 스스로도 잘 모르는 숨어 있는 욕구까지 파헤쳐 기술로 구현된 결과물을 선보여야 한다. 그래야만 고객은 이전에는 느껴보지 못했던 새로운 경험을 하게 된다. 바로 이때, 고객은 그 제품에 열광하게 되는 것이다.

2004년 4도어 냉장고를 통해 북미 시장 공략에 나섰던 LG전자에게 가장 필요한 것이 바로 이러한 통찰에 기반한 고객 가치 창조였다. 무엇보다 당시 상황은 매우 열악했기 때문에 LG전자에는 난관을 뚫고 나아갈 절실한 무언가가 필요했다. 당시 4도어 냉장고 프로젝트팀에 참여했던 한 직원은 이렇게 말한다.

"2001년 당시만 해도 북미 지역에서 LG전자라고 말하면 '그게 어디 회사야?'라는 반응을 보였다. 북미 지역에서는 LG전자가 신생 브랜드나 마찬가지였기 때문에 어쩌면 당연한 반응이었다. 그때 필요한 것은 헝그리 정신이었다. 그래서 우리는 제품으로 승부해야 한다는 판단이 섰다. 남에게는 없는 것, 소비자가 진정 원하는 것을 제품으로 만들어야 한다는 생각으로 어떤 힘든 일이라도 반드시 해내자고 팀원들을 독려했다. 다행이도 전 조직원들은 아무 불평없이 따라와 주었다. 차별화된 제품이 없으면 팔 수도 없다는 말에 모두 공감하고 있었기 때문이다. 어쨌든 남들하고 다른 것을 개발하는 것이 북미 시장 공략의 핵심이었다."

북미 지역에서 LG전자 브랜드를 아는 사람들이 없다는 것은 치명적인 약점으로 작용했다. LG전자 내부에서는 치열한 회의가 연일 끊이지 않았다. 당시만 해도 월풀(Whirlpool), GE(General Electric)라는 거대 전자 기업들이 굳건하게 뿌리박고 있는 상황에서 들어보지도 못한 신생 브랜드가 그 시장에 뛰어들었으니 당사자들도 답답하긴 마찬가지였다.

소비자가 진정 원하는 것을 알기 위해서는 고객들의 라이프스타일과 생활 패턴을 알아야만 했다. 일상생활 속에서 필요한 부분들을 잡아내고 그것을 제품 속에 녹여내는 게 관건이었다. 더 이상 탁상공론이나 팀 내 회의는 불필요하다고 판단한 프로젝트팀은 고객들의 생활 속으로 뛰어들었다.

우선 모집과 추천을 통해 선정된 고객의 집에서 하숙을 하면서 그들과의 동고동락을 시작했다. 짧은 기간이었지만 그들의 삶을 직접 체험하기 위해 애를 썼다.

퇴근 후에는 저녁을 먹기 위해 고객과 장을 보러 함께 가고, 음식을 직접 요리하기도 했다.

"오늘은 뭘 먹을까요?"

"파스타랑 고기 종류가 먹고 싶네요."

"그럼 어떤 재료를 준비할까요? 같이 장을 보러 가는 게 좋을 것 같아요. 혹시 제가 좀 미숙하면 옆에서 도와주세요."

고객과의 동거 기간 동안 먹고 난 음식을 보관하기도 하고, 다시 데우기도 하고, 장기간 보관해야 할 식재료들을 따로 포장하기도 했다. 이 모든 과정 속에서 LG전자 직원들의 눈빛은 항상 날카롭게 고객의 행동 하나하나에 집중했다. 그뿐만 아니라 자신들의 행동 또한 철저하게 관찰했다. 오직 고객과 냉장고의 관계를 생각하면서 말이다.

이렇게 시작한 고객과의 동거 및 포커스 인터뷰가 무려 100회 정도 이뤄졌다. 최종적으로는 파워 유저(power user)들과 함께 손으로 그림을 그려가며 4도어 냉장고의 이미지를 구체적으로 현실화시켜나갔다. 장기간에 걸친 고객과의 동거 결과, 몇 가지 귀중한 통찰을 얻었다.

- 냉동실의 보관 기능에도 두 가지가 있다. 단기 보관과 장기 보관. 따라서 냉동실도 두 개가 필요하다.
- 북미 사람들은 한국인들보다 체형이 크기 때문에 허리를 구부리는 것에 특히 민감. 단기와 장기로 보관함을 구분한다면 단기 보관용 냉동실은 위쪽에, 장기 보관용 냉동실은 아래쪽에 배치.
- 디스펜서의 경우 높이가 낮아 소비자들이 불편을 겪고 있음. 기존 가로 방식의 콘트롤 패널을 세로 방식으로 바꾸고

디스펜서의 옆쪽으로 옮기면 문제 해결 가능.
- 자동으로 서랍이 열리고 닫히는 기능에 대한 욕구 존재(auto-drawer).

이렇게 도출된 4도어 냉장고의 핵심 콘셉트를 정리한 후 파워 유저들을 모아놓고 다시 설명회를 가졌다. 그들은 감탄을 금하지 못했다.

"맞아요, 사실 저도 늘 냉장고를 쓰면서 뭔가 불편하다는 생각을 하곤 했었는데, 이렇게 하면 정말 편하겠군요!"

물론 제품 개발 과정에 어려움이 없었던 것은 아니다. 특히 가격은 제품을 출시하는 마지막 순간까지 고민을 했다. 2,999달러(한화 약 330만 원)로 가격을 책정한 것은 분명 엄청난 도전이었다. 그때까지 미국 전자 기업조차 2,000달러 이상의 고가 냉장고를 출시한 적이 없었기 때문이다. 하지만 신생 브랜드라고 꼭 저가 제품을 내놓으라는 법은 없지 않은가.

2008년 6월, 드디어 오랜 기간 동안 준비하고 고민하면서 만든 4도어 냉장고가 출시되었다. 비싼 가격임에도 불구하고 많은 고객들은 이제껏 경험해보지 못한 새로운 형태의 4도어 냉장고에 매료되고 말았다. 4도어 냉장고는 출시된 지 6개월 만에 한 대당 큰 이익을 남기며 무려 4만 대가 판매되었다. 한화로 무려 800억에 육박하는 대기록이었다.

LG전자 프로젝트팀은 축배를 들며 고객 가치 창조의 힘을 다시 한 번 확인할 수 있었다.

'고객 가치 창조라는 것이 바로 이런 것이구나. 고객이 인정하는 차별화된 가치를 새롭게 만들어낸다면, 고객들은 그것을 위해 기꺼이 비용을 지불하는구나!'

북미 시장에서 존재 자체가 희미했던 신생 브랜드를 순식간에 프리미엄 브랜드로 만들고, 초기 시장 진입 당시 미미했던 매출액을 단번에 800억 원에 육박하게 해준 것은 바로 고객 가치 창조라는 마법이었다.

LG Insight

열정이 넘치는 조직은
어떠한 환경도 돌파한다

4도어 냉장고 프로젝트팀에서 중추적인 역할을 했던 LG전자 김차장은 당시 열악했던 환경 속에서도 열정을 가지고 한계돌파(breakthrough)할 수 있었던 배경을 두 가지로 요약했다.

1. 업무가 아닌 미션으로 받아들이게 하라

김차장은 당시 업무 지시를 받을 때부터 이노베이션 모델을 개발하라는 확실한 미션을 제시받았다고 한다. 따라서 그는 업무의 90% 이상을 신제품 개발에 할애할 수 있었고, 이를 통해 스스로 열정을 이끌어낼 수 있었다. 실제 그는 자발적으로 40여 가구를 방문할 정도로 높은 열의를 보여주었다. 그저 해야만 하는 업무라고 여겼을 때는 쉬운 일이 아니었다.

이렇듯 한계돌파를 하기 위해서는 깊숙이 들어가야 가능하다. 해당 직원이 이 일을 또 하나의 업무로 받아들이게 하지 말고 자신의 미션으로 받아들일 수 있게 해야 한다. 또 프로젝트에 몰입할 수 있는 환경을 만들어주어야 한다.

즉 개인의 열의도 중요하지만 역시 상사들의 배려가 반드시 필요한 부분이다. 이 일도 하고 저 일도 하면서 새 모델도 개발하라고 지시하는 것은 팀원들에게 몰입보다는 집중력 분산만 초래할 뿐이다. 새로운 가치가 가져다줄 적지 않은 결과를 생각한다면 직원들에게 몰입할 수 있는 환경과 그것 자체를 비전으로 받아들이게 하는 상사의 배려가 매우 중요하다.

2. 초기부터 R&D 인력을 참여시켜라

특히 열악한 상황에서 이노베이션 모델을 만들어낼 때에는 하나의 목표를 구성원 전체가 공감하고 여기에 올인하는 것이 절대적으로 필요하다. 그렇게 하기 위한 하나의 방법으로 소비자 조사를 실시할 때부터 R&D 인력을 투입시키는 게 효과적이다.

기술적으로 구현되지 못하는 아이디어는 아무런 소용도 없다. 따라서 가장 중요한 것은 기술과 아이디어가 같은 선상에서 출발하는 것이며, 소비자가 뭘 원하는지를 찾아내는 동시에 기술적으로 제품에 반영할 수 있어야 한다는 점이다. 자칫 현장과 동떨어질 수 있는 R&D 인력도 스스로 고객을 대면하고 살아 있는 이야기를 들으면, 자신이 맡은 업무의 중요도를 인식함으로써 한층 열의를 가질 수 있게 된다.

chapter 12

다른 곳에서는 살 수 없는 물건을 만들어라

고객 가치에 관한 70년 전의 경험

1936년. 이제 갓 서른 살이 된 포목점 주인 구인회 창업회장은 어느 날 시장을 둘러보다 문득 한 가지를 깨달았다. 주변 경쟁 포목점들은 물론이고 심지어 자신조차도 비슷한 제품들을 판매하고 있다는 사실이었다. 어느 포목점에서 사든지 다 거기서 거기인 제품들. 고객들이 물건을 구매하는 유일한 기준은 오로지 주인과의 친분이나 혹은 저렴한 가격이었다. 그는 답답함을 느꼈다. 이대로라면 소비자들에게 더 많은 물건을 팔기 위한 방법은 그저 가격을 내리는 것뿐이었다.

하지만 그렇게 하면 밑지는 장사를 해야 하는 상황이니 섣불리 시도할 수는 없었다. 밤낮으로 방법을 모색하던 구인회 창업회장은 한 가지 결론을 내리게 되었다.

"다른 방법이 있겠는가? 남들이 안 파는 제품을 팔면 된다. 오직 구인회상점에서만 살 수 있는 물건, 그것을 만들어야 한다!"

그 후 구인회 창업회장은 신제품 개발에 착수했다. 갖가지 아이디어를 실험한 끝에 광목에 무늬를 박은 날염이라든가, 비단에 문양을 넣어서 한층 세련되면서도 차별화된 제품을 만들어낼 수 있었다. 제품을 상점에 진열하자마자 사람들이 몰려들기 시작했다. 다른 포목점에서는 찾아볼 수 없는 제품이니 구인회상점에 올 수밖에 없었던 것이다.

구인회 창업회장은 좀더 색다른 제품을 만들어 판매한 것에 지나지 않았으나 고객들의 눈길을 끌었고, 고객들에게 새로운 아름다움의 장을 열어주었다. 즉, 새로운 고객 가치를 창조한 것이다.

구인회 창업회장이 1947년에 설립한 락희화학(현재 LG생활건강)에서 생산하고 있던 일명 럭키크림은 당시 한국 화장품업계에서 선두를 달리고 있었다. 하지만 한국전쟁이 발발한 이후에는 외국 무역이 중단됨에 따라 화장품 제조 원료인 향료를 조달할 수 없는 위기 상황을 맞게 되었다. 뭔가 특단의 조치가 필요했다. 구인회 창업회장은 위기는 곧 기회라는 신념에 따라 더 높은 고객 가치 창조를 위해 도전했다.

당시 시장에서는 럭키크림과 함께 몰래 들여온 외국 화장품들이 좋은 반응을 얻고 있는 상황이었다. 구인회 창업회장은 곧 외국 화장품들을 분석하기 시작했다. 고객들이 외국 화장품을 좋아하는 이유를 계속 탐문한 결과 일본 마카오 향료의 세련된 향이 구매욕을 자극한다는 사실을 알게 되었다.

그는 즉시 수소문해 일본의 향료 제조 회사 주소록을 입수한 후 접촉을 시도했다. 하지만 번번이 거절을 당했다. 그럼에도 불구하고 구인회 창업회장은 끈질기게 거래 요청 편지를 발송했다. 그 결과, 두 개의 회사에서 향료 견본품을 보내주었고, 그로 인해 럭키크림을 한 단계 업그레이드시킬 수 있었다.

이때부터 럭키크림은 언제나 최고의 제품을 만들어야 한다는 구인회 창업회장의 지론대로 '그 어떤 제품보다 질은 좋으면서 가격은 싸다'는 절대적인 강점을 갖출 수 있었다. 공장에서는 밤을 새우면서 럭키크림을 만들어냈고, 아침이면 제품들이 모두 썰물처럼 빠져나가는 놀라운 일이 벌어졌다. 구인회 창업회장은 이때 큰 교훈과 용기를 함께 얻었다.

"남이 하지 않는 일, 남보다 더 잘할 수 있는 일로 더 좋은 제품, 더 좋은 서비스를 제공한다면 어떤 사업을 하든 성공할 수 있겠구나!"

무늬 박은 광목, 질 좋은 마카오 향료는 70년 전에 이미 구인회 창업회장이 경험한 고객 가치라는 신세계였다. 놀라운 것은 구인회 창업회장이 겪은 교훈과 4도어 냉장고의 북미 시장 공략 당시 LG전자 프로젝트 팀원이 했던 말이 거의 비슷하다는 사실이다.

'남이 하지 않는 일!'
'남에게는 없는 것!'
'소비자가 진정으로 원하는 것!'

늘 고객을 위해 끊임없이 새로운 가치를 찾아나가는 힘은 구인회상점에서부터 오늘의 LG까지, 70년을 관통하며 이어지는 진정한 LG의 성공 DNA 중 하나라고 할 수 있다.

chapter 13

답은 오직 고객만이
알고 있다

고객에게 방향을 맞추고 부족한 것을 채워라

그렇다면 새로운 고객 가치 창조라는 것은 어떻게 이루어지는 것일까? 무조건 남이 하지 않는 것을 찾으면 되는 걸까? 경쟁자와 나를 비교해서 상대방에게 없는 것을 콕 찍어 먼저 해버리면 되는 걸까?

사실 고객 가치 창조라는 주제는 현대 경영의 중요한 이슈이다. 산업화 초기 시절에는 공장의 가치가 매우 중요했다. 즉 공장에서 가장 빠른 시간 내에, 가장 저렴한 가격의 물건을 생산해내는 것이 바로 당시에 절실하게 필요했던 가치였다. 고객은 많고, 제품은 별로 없었기 때문에 판매업체들은 만들기만 하면 팔리는 호황을 누렸다. 하지만 이런 흐름도 시장에서 수요와 공급의 균형이 깨지기 시작하면서 바뀌게 되었다. 고객은 적고 제품이 넘쳐나기 시작하자 고객과 판매업체의 관계는 완전히 역전되고 말았다. 그때부터 고객은 만들어진 것을 선택하지 않고, 만들어진 것 중에서도 자신이 좋아하는 것을 선택하기 시작했다.

피터 드러커는 "가치를 제대로 알리려면 회사 내부에 초점을 맞춰서는 안 되고, 고객들의 눈으로 바깥에서 안을 봐야 한다"고 말했다.

결국 새로운 가치의 핵심은 '공장 밖의 가치 = 제조업자의 생각을 벗어난 가치 = 외부에서 본 가치 = 고객의 가치'로 귀결된다.

LG가 중대형전지 사업에 뛰어들 당시만 해도 시장의 전망은 불투명했고, 투자 대비 효율에 대한 의구심마저 들었다. 업계에서는 전기자동차에 사용되는 2차전지에 대한 꾸준한 관심은 있었지만 안전성과 성능, 그리고 양산 가능성에 대한 확신이 없었기 때문에 섣불리 시도하지 못하고 있었다. 특히 막대한 연구개발비는 중대형전지 개발 프로젝트의 발목을 잡고 있었다.

하지만 LG의 경우 최소 10~20년을 보고 사업을 시작하라는 경영진들의 지원에 힘입어 지난 2000년 미국에 현지법인인 CPI (Compact Power Incorporate)를 설립했다. 문제는 연구소를 세우는 것이 아니라 실제 사업을 진행시키고, 수익 창출을 위해 고객을 확보하는 것이었다. 목표 고객은 GM이었지만 LG 입장에서는 첩첩산중이었다.

우선 GM은 LG를 전혀 몰랐고, LG 역시 GM에 대해 아는 바가 없었다. 특히 자동차 회사와 부품 산업 간의 구조는 'Tier(협력구조의 각 단계) 1-Tier 2-Tier 3'로 수직 계열화되어 있었다. 결국 최종 자동차 메이커는 Tier 1에만 신경 쓸 뿐 그 아래 단계는 알 필요조차 없었던 것이다. 그때까지 LG는 단 한 번도 Tier 1이 되어본 적이 없었다. 당시의 답답한 상황에 대해서 LG화학 프로젝트팀의 한 팀원은 이렇게 이야기했다.

"솔직히 GM에서는 잘 만나주지도 않았습니다. 우리에 대해서 뭘 알아야지 사업을 하든지 말든지 할 것 아닌가요. 우리도 GM 내부에 접점(contact point)이 없으니 초기부터 난항에 부딪힌 것입니다. 차라리 기술적인 문제였다면 그렇게 어렵게 시작하지 않았을 수도 있습니다. 방법이 전혀 없는 건 아니었지만 초반부터 힘겨운 싸움을 해야 하는 건 사실이었습니다."

LG가 이때 전략적으로 내세운 것은 역시 고객 가치였다. 상대를 고객으로 만들기 위해서는 상대에게 가장 필요한 것, 혹은 가장 골치 아파하는 문제를 해결해주면 된다는 사실을 그간의 경험으로 이미 알고 있었다.

LG는 가장 먼저 GM의 전체적인 향후 사업 전개 방향을 전망했다. 상황을 분석해본 결과 당시 GM은 도요타(Toyota)의 프리우스(Prius) 출시와 빅히트에 크게 당황하고 있었다. GM에게는 새로운 대항마를 내세울 턴어라운드(turn around) 전략이 필요했다. GM이 회심의 카드로 들고 나선 것이 바로 전기자동차인 시보레 볼트(Chevrolet Volt)였다. 이러한 내외부 상황에 대한 정보를 수집하고 분석한 후 LG는 전략적 접근 방향을 수립했다. 시보레 볼트의 개발 초기부터 참여해 가장 최적화된 중대형전지를 개발하고 공급하는 것으로 가닥을 잡았다. 하지만 이런 전략적 접근 방법은 그저 계획일 뿐이었다. 정말로 필요한 것은 바로 입장을 바꿔보는 것이었다. 고객인 GM의 눈이 되고 마음이 되어, 과연 GM에게 필요한 가치가 어떤 것인가를 도출하고 그것을 실천해나가는 일이었다.

가장 대표적으로 디자인-팸(Design-FAM, 고장-분석-대응)을 들 수 있다. 디자인-팸은 예를 들어 자동차가 달리던 중 펑크가 났을 경우 이에 대응하는 시스템을 만드는 일이다. 소형전지의 경우 문제가 발생했을 때 최악의 경우라고 해도 그 피해가 아주 작은 반면 자동차의 경우는 전지의 작은 결함에도 사람 목숨이 좌지우지된다. 그런 만큼 GM의 입장에서는 철저하고 집요하게 디자인-팸에 대한 점검을 요구했다. 하지만 LG는 GM의 요구를 제대로 이해하지 못해 견해 차이가 발생했다. 두 회사 간의 수많은 논쟁과 지난한 싸움이 지속되는 과정에서 LG는 조금씩 고객 가치의 진정한 의미에 눈을 뜰 수 있었다.

그러자 팀원들의 자세와 태도도 서서히 변하기 시작했다. 과거 제조업 중심의 시각으로 '적당히 만들면 사가겠지'라는 마음자세에서 고객 중심의 시각으로 '더 적극적인 가치를 창출해야 한다'로 태도가 바뀌었다.

"GM하고 무지하게 싸웠습니다. 그러다보니 결국 우리들도 '고객이 원하는 것이 이게 아니었구나'라는 생각을 하게 되었어요. 고객에 대한 이해가 높아진 것이죠. 자신의 생각과 실제 고객의 니즈에 큰 차이를 느낀 것입니다. 우리 연구소 사람들도 예전에는 '어느 정도 수준으로 만들면 고객들이 알아서 사가겠지'라는 제조업 중심, 고객과 시장을 수동적으로 바라보는 시각을 가지고 있었습니다. 하지만 GM과 일을 하면서 능동적이고 적극적으로 변했습니다. '아, 이게 아니었구나. 다시 해봐야겠다'라는 생각을 하게 된 것입니다. 이렇게 GM과 비즈니스하는 과정을 통해 우리들의 역량도 많이 커졌습니다."

LG의 이 같은 고객 중심 사고는 기적 같은 결과를 만들어냈다. 10년 전, GM에 대해 거의 모르는 상태에서 중대형전지 사업에 뛰어들었지만 이제는 GM뿐만 아니라, 2011년 양산될 포드(Ford)의 순

수 전기자동차 '포커스(Focus)'의 배터리 단독 공급업체로도 선정된 것이다. 약진은 여기에서 그치지 않고 볼보(Volvo), 장안기차, 현대기아차 등 총 7곳의 글로벌 메이저 고객사와 공급 계약을 맺는 성과를 이루었다.

2010년 7월 16일에는 LG의 모든 노력이 총화된 행사가 개최되었다. 미국 미시건 주 홀랜드에서 LG화학 전기자동차용 배터리 공장 기공식이 열렸다. 이 자리에는 버락 오바마 미국 대통령과 미시건 주 주지사, 미국 자동차업계 관계자 등 총 400여 명의 VIP들이 참석했다.

총 투자 비용의 절반 수준인 1.5억 달러(한화 약 1,855억 원)를 미국 정부로부터 지원받았다. 이는 전기자동차 세계 최대 시장인 미국에서 LG화학이 확고한 우위를 점유하게 된 사건으로 기록될 일이었다.

잘 만나주지도 않던 GM의 높은 벽을 뛰어넘을 수 있었던 것, 경쟁업체들인 파나소닉(Panasonic), 산요(Sanyo)를 모조리 제칠 수 있었던 것도 바로 입장과 태도 바꾸기에서 시작되었다. 한 팀원은 당시의 성공 비결을 이렇게 정리했다.

"비결은 고객을 제일 먼저 이해하고 달려들었다는 것입니다. 기존에는 '우리가 잘하니까 이걸 가지고 고객에게 가자'였는데, GM과의 프로젝트에서는 '고객이 먼저다. 고객의 요구에 맞춰서 우리에게 없는 것을 채워나가자'였습니다. 이것이 바로 핵심 비결이 아닌가 생각합니다."

잘하는 것에 집중하는 것도 훌륭한 전략일 수 있지만 고객 입장에서는 그저 제조업 중심의 마인드일 뿐이다. 역시 고객이 원하는 것을 우선하면서 자신의 강점을 어필해야 한다. 은하계가 지구를 중심으로 돌아가지 않듯이, 시장은 제조사를 중심으로 돌아가지 않는다.

LG Insight ::::::::::::::::::::::::::::::

기술은 테크닉이 아니라 정성이다

많은 사람들은 기술과 가치를 어떻게 접목시켜야 하는지 혼란스러워한다. 그리고 대부분은 '첨단 기술=가치', 또는 '신제품=가치'라고 생각한다. 과연 그럴까? 1990년 5월, 구자경 명예회장이 영동 서비스센터를 방문했을 때 겪은 일화에서 힌트를 얻을 수 있다. 당시만 해도 구자경 명예회장 역시 '첨단 기술=가치'라는 생각을 갖고 있었다.

"나는 닥쳐오는 개방의 파고를 뛰어넘을 수 있는 유일한 대안이 외국 우량 기업들과의 기술 격차를 줄이는 길밖에 없다는 사실을 한시도 잊은 적이 없다. 훌륭한 첨단 기술을 개발하여 국민들에게 최고 수준의 제품을 싸게 공급하는 것이 기업하는 사람의 의무이기 때문이다."

구자경, 《오직 이 길밖에 없다》(1992년)에서

하지만 그는 영동 서비스센터에서 만난 주부들에게 이런 이야기를 들었다.

"아이들이 옷을 벗어 던지면 세탁기 뚜껑이 너무 약해서

부러져요!"
"대형 냉장고는 주부들이 쉽게 옮기기 어려우니까 바퀴 좀 달아주세요!"
"고무 패킹을 냉장고 뒤쪽에 달아주면 설치할 때 냉장고나 벽이 덜 상하지 않겠어요?"

주부들의 이런 고민은 LG가 가진 기술력이라면 손쉽게 해결할 수 있는 것들이었다. 구자경 명예회장은 이 일을 계기로 기술과 고객 가치의 관계 방정식을 풀어낼 수 있었다.

"나는 이번 영동 서비스센터 방문을 통해 중요한 단서 하나를 알아냈다. 고객들이 지적한 사항들을 종합해보면, 기업에서 일방적으로 기술을 개발하여 시장에 떠넘기는 것보다 고객이 필요로 하는 사용 가치를 기술에 얼마나 담아내느냐가 훨씬 중요하다는 사실을 깨달은 것이다. 기술만이 모든 문제의 해결점이라고 생각하는 것은 큰 착각이었다. 고객이 진정 원하는 것은 사소한 불편이라도 그것을 충실하게 반영하는 기술적인 성의였던 것이다."

가장 앞서 나가는 기술, 그리고 가장 원천적인 기술을 개발하는 일을 결코 게을리해서는 안 될 것이다. 하지만 이와 함께 잊지 말아야 할 것은 기술에 사람의 마음과 행동에 대한 배려를 담아야 한다는 사실이다.

chapter 14

세계 1등이 되려면
컬처코드를 파악하라

일등 LG의 문화 전략

강자의 특징은 어떤 싸움에서도 결국 이긴다는 점이다. 그뿐만 아니라 전장이 커지면 커질수록 더 많은 능력을 발휘해 대세를 장악한다. 기업 경영도 마찬가지이다. 좁은 시장에서 싸움을 하는 것보다는 넓은 전장에서, 제대로 된 경쟁자와 붙어서 이기는 기업이 진정 강한 기업이라고 할 수 있다. 그런 관점으로 볼 때 해외시장에서 확인되는 LG의 놀라운 성과들은 LG가 가지고 있는 강한 체질과 혁신 능력, 그리고 위기일수록 더욱 강해지는 면모를 그대로 보여준다.

가장 대표적인 것이 바로 브릭스(BRICs)에서 거둔 '일등 LG'의 위상이다. LG는 이 시장에서 확고한 위치를 점유하고 있을 뿐만 아니라 이미 국민 브랜드로 추앙받고 있다. 이는 LG가 주도한 글로벌 전략이 정확한 시기에, 정확한 타깃을 대상으로 진행되었다는 것을 의미한다. 수치적으로 따지면 이제 해외법인은 200개를 넘어섰고, 전체 매출 중 해외 매출이 차지하는 비중 역시 2009년에 75%, 2010년에 74%에 달하면서 국내 매출을 압도하고 있다. 이 정도라면 '한국 기업 LG'보다 '한국인들이 탄생시킨 글로벌 기업 LG'라는 표현이 더 적절하다고 할 수 있다.

구자경 명예회장 재임 시절 시작된 해외 진출은 구본무 회장에 의해 본격적으로 확대되었다. 하지만 1990년대 중반까지만 해도 LG 내부에서는 해외 시장 개방에 대한 적지 않은 근심거리를 가지고 있었다. 구자경 명예회장은 당시 심경을 자신의 저서에 이렇게 기록하고 있다.

"3개월 동안 연구 검토한 보고서를 받아보고 놀라움을 금치 못했다. 막연히 그러리라고 예상했던 위기가 자료로 입증되었다. 그래서 나는 무엇인가 중대한 결정을 내리지 않으면 안 되겠다고 생각을 했다.
첫째, 시장이 개방되면 우량 기업 제품과 직접 경쟁해야 할 우리 사업은 전체의 80%에 이르렀다. 다행히 지금까지는 외국 상품에 무거운 관세를 매김으로써 국내 시장에서 보호를 받아온 셈이다. 하지만 당시 20%에 달하던 관세가 5년 내에 모든 상품에 대해 5% 이하로 인하될 것으로 예측되어 경쟁력 확보가 매우 어려워질 것으로 예상되었다.

둘째, 해외와 관련된 사업, 특히 수출이 럭키금성 전체 매출의 약 50%를 점하고 있었는데, 이는 아직 초보적인 경영 상태로 볼 수 있다."

당시 상당수의 기업인들이 난생처음으로 겪는 개방이라는 파고 앞에 대책을 강구하느라 심각한 고민에 빠져 있었다. 하지만 시장 개방은 국내의 한정된 시장에 안주하지 않고 좀더 큰 전장에서 싸워보자는 LG의 도전 정신이 빛을 발하는 계기가 되었다. 수출에 만족하는 정도에서 그치는 것이 아니라 현지에 공장을 세우고, 현지인을 고용하면서 현지 최고 브랜드로 인정받는 영광을 누리게 되었기 때문이다.

브릭스 국가 중 하나인 인도 시장에서 LG가 거둔 성과는 타의 추종을 불허한다. LG는 현재 인도에서 6년 연속 최고 브랜드로 뽑힐 정도로 입지가 확고하다. 인도 최대의 경제지인 〈브랜드 에퀴티(Brand Equity)〉의 브랜드 신뢰도 조사에 따르면, LG전자는 에어컨, 냉장고, 세탁기, 전자레인지, TV, DVD 플레이어, 라디오 등

가전제품의 대부분 분야에서 1위를 달리고 있다. 참고로 〈브랜드 에쿼티〉는 미국의 〈월스트리트저널〉에 이어 세계 2위의 발행 부수를 자랑하는 미디어이다. 특히 이 조사에서 LG는 펩시나 코카콜라 같은 세계적인 브랜드마저 제치고 인도 내 브랜드 인지도 20위를 차지했다. 이는 인도에서 활동하고 있는 기업 중 상위 300개 기업을 조사 대상으로 한 결과라는 점에서 더 뜻깊다고 할 수 있다.

이뿐 아니라 인도의 대표적인 경제뉴스 채널인 CNBC와 AC닐슨이 공동으로 주관하는 '2010 소비자 브랜드'에서도 백색가전 분야에서 LG는 최고 브랜드로 선정되었다. 4,000명의 소비자들과 직접 인터뷰를 통해서 이뤄진 조사 결과인 만큼 신뢰도 면에서는 의심의 여지가 없다.

러시아 가전 시장에서도 LG는 최고 브랜드임을 확인할 수 있다. 모니터와 전자레인지 두 부문이 러시아 국민 브랜드 조직위원회가 선정한 '2007년 국민 브랜드'로 꼽혔다. 1998년 시작된 국민 브랜드는 높은 인지도와 최고의 품질을 갖춘 제품에 수여되고, 매년 15만 명의 소비자가 선정하는 러시아 최고 권위의 제품상이다. 국민 브랜드로 3회 연속 선정되면 향후 10년간 국민 브랜드 사용권이라는 특전이 주어진다. LG전자는 2006년 이후 각각 청소기, 전자레인지가 3회 연속 국민 브랜드로 선정되었다. 이렇게 획득한 국민 브랜드 로고는 마케팅, 신문방송 광고, 프로모션 등에 사용할 수 있어 판매 확대에 크게 기여했다.

브라질에서는 노트북이 브랜드 부문에서 1위를 차지하며 선전했다. 브라질 최대 일간지 〈폴라 지 상파울루(Folha de Sao Paulo)〉가 실시하는 브랜드 인지도 조사인 '탑 오브 마인드(Top of Mind)'에서 LG는 한국 기업 중에서 유일하게 선정되었다. 특히 세계적인 기업인 나이키, 폭스바겐 등과도 어깨를 나란히했다는 점이 더욱 자랑스럽다.

그렇다면 불과 한 세대 전만 해도 개방의 파고에 대해 걱정을 했던 LG가 어떻게 이런 놀라운 반전을 이뤄낼 수 있었던 것일까? 물론 이에 대해서 다양한 경영학적 해석이 가능하겠지만 무엇보다 문화에 대한 통찰력이 탁월했다는 점을 들 수 있다. 요약하자면 바로 LG의 제품들이 고객의 욕구를 심층적으로 만족시킨 결과이다. 전 세계 시장에서 LG가 실행했던 문화 통찰을 몇 가지 원칙으로 분류해 살펴보면 LG가 그동안 문화가 전혀 다른 세계 시장을 어떻게 공략해 성공으로 이끌었는지 한눈에 알 수 있다.

문화 통찰을 위한 원칙 1

: 좋아하는 것을 가장 멋진 형태로 즐길 수 있도록 하라

사람들은 누구나 자신이 즐기는 것을 충분히, 그리고 멋지게 경험하고 싶다는 욕구를 가지고 있다. 드라이브를 좋아하는 사람이라면 큰 소리로 음악을 틀어놓고 아우토반에서 무한질주를 하고 싶을 것이고, TV를 좋아하는 사람이라면 대형 화면의 홈시어터를 설치해 마치 영화관 같은 분위기를 연출하고 싶을 것이다. 사람들이 좋아하는 것을 더욱 멋지게 즐길 수 있도록 하는 일, 이것이 바로 소비자들에게 어필하는 가장 효과적인 방법이다. 하지만 이는 그들의 문화를 세밀하게 관찰한 후에야 가능하다. 이를 위해서는 그들의 생활 패턴이 그동안 경험했던 고객군과 어떻게 다른지 철저하게 비교, 분석해야 한다.

LG전자는 인도의 LCD TV 시장에 진출하면서 춤과 노래를 즐기는 인도인의 성향을 주의 깊게 관찰했다. 인도 영화를 보면 온통 춤과 노래로 범벅이 되어 있다고 해도 과언이 아니다. 외국인들에게는 영화인지, 뮤직비디오인지 헷갈릴 정도이다. 그러나 그것은 인도인의 취향을 무엇보다 잘 드러내는 특징이기도 하다.

이러한 문화 통찰이 제품에 적용된 것이 바로 '좋아하는 것을 멋지게 즐기게 하는 TV'였다. LG전자는 인도인들이 TV를 켜는 순간 양쪽 측면에 숨어 있던 스피커가 나타나도록 만들었다. 몸과 마음을 들뜨게 하는 춤과 노래, 마치 새가 하늘을 날기 위해 준비하듯 양쪽으로 펼쳐지는 날개 같은 스피커와 심장을 울리는 500와트의 강력한 음향까지, LG전자 TV의 우수한 성능과 세련된 디자인에 인도인들은 반하지 않을 수 없었다. 그 결과 전년 대비 100% 이상의 놀라운 성장세를 보여주었다. 그들이 좋아하는 것을 멋지게 즐길 수 있도록 하는 것, 그래서 머리로 제품을 좋아하는 게 아니라 감성과 마음으로 제품을 좋아할 수 있게 만든 것이 LG전자의 LCD TV가 인도 시장에서 성공한 비결 중 하나였다.

문화 통찰을 위한 원칙 2
: 습관을 방해하지 말고 더 세련되게 할 수 있도록 하라

제품에 대한 공감은 습관과 무척 깊은 연관을 맺고 있다. 예를 들어, 김치냉장고는 김치의 종주국이자 대부분의 국민들이 김치를 즐겨 먹는 한국이 아니면 팔릴 수 없는 제품이기도 하다. 이와 반대로 고기를 주로 먹는 국가의 국민들에게 채소만 잔뜩 보관할 수 있는 냉장고를 만들어 판매한다면 어떨까? 위대한 제품은 그들의 다양한 습관을 방해하지 않으면서 오히려 더 세련되게 이용할 수 있도록 배려한 제품을 말한다.

인도에서 판매되는 LG전자의 냉장고는 현지인들의 생활 습관을 그대로 반영했다. 채식을 주로 하는 식습관에 맞춰 냉장고에 여러 가지 채소를 나눠서 담을 수 있도록 내부 공간을 꾸몄을 뿐만 아니라 약품과 화장품을 보관할 수 있는 별도의 용기도 마련했다.

인도인들은 한국과 달리 천장형 선풍기를 많이 사용한다. 에어컨

역시 이러한 천장형 선풍기와 연동되어 작동하게 한 것은 그들의 문화를 배려하고 에어컨의 성능 자체를 한층 업그레이드시킨 훌륭한 사례라고 할 수 있다.

전자레인지에 인도인들이 가장 좋아하는 요리 77가지를 간단하게 작동할 수 있는 기능을 넣은 것도 마찬가지였다. 그들의 습관을 배려한 제품 개발은 문화가 다른 시장을 공략할 때 반드시 염두에 두어야 할 점이다.

문화 통찰을 위한 원칙 3
: 그들을 행복하게 해주어야 한다

문화 통찰을 위한 마지막 원칙은 마음에 관한 것이다. 누구나 평화, 행복, 편안함을 추구한다. 그런데 이에 대한 정의나 실천 방법은 사람마다 다르기 때문에 '모든 사람들의 마음을 행복하게 하는' 콘셉트의 제품을 만들기란 불가능에 가깝다. 하지만 이것이 가능한 나라들도 있다. 바로 종교적 색채가 강한 나라들이다. 종교를 가진 사람들의 특징은 종교를 통해서 마음의 평화, 행복, 편안함을 느낀다. 즉, 이들에게 행복의 조건은 종교에 집중되어 있어서 제품 설계 시 종교를 고려하면 충분히 그들의 마음을 행복하게 해주는 제품을 구상할 수 있다.

이슬람 문화권의 사람들은 하루에 5번이나 이슬람 성지인 메카(Mecca)를 향해 기도하고 언제, 어디서든 이슬람교 경전《코란(Koran)》을 읽을 정도로 종교와 밀접한 삶을 살고 있다. 정신적 뿌리가 되는 종교를 외면하고는 이들을 위한 제품을 구상하기 힘들 정도이다.

2009년 LG전자가 무슬림 고객들을 타깃으로 출시한 '메카폰'은 그들의 종교 문화를 고스란히 반영했다. 메카폰의 경우 사용자의 현재 위치만 입력하면 내장된 방위와 나침반 소프트웨어가 자동으로 메카의 방향을 알려준다. 그리고 하루 5회 기도 시간에는 알람이 울리도록 설계되었다. 또《코란》을 음성과 문자로 동시에 제공하는가 하면 페이지 검색, 즐겨찾기 기능도 추가했다. 더구나 기도를 중요하게 여기는 이슬람교도들의 특징을 십분 살려 기도 중에 전화가 올 때에는 자동으로 수신이 거절되고 '지금은 기도 중이니 잠시 후에 연락드리겠습니다'라는 문구가 문자로 발송되는 기능까지 갖췄다.

TV에도 이러한 종교 문화를 그대로 반영했다.《코란》읽어주는 기능이 포함된 TV는 이미 2008년도에 출시되어 선풍적인 인기를 끌었다. 총 114개의 장으로 구성되어 있는《코란》을 내장한 이 TV는 최신 기능 이외에도 경전 중에 읽고 싶은 부분에 곧바로 접속 가능한 기능과 함께 리모컨으로 10개의 채널을 즐겨찾기할 수 있다.

이런 문화 통찰에 기반한 제품 설계는 그 결과만 봤을 때는 그냥 단순한 아이디어 차원이 아닌가라는 생각을 할 수도 있다. 언제나 결과론적으로만 보면 모든 것이 쉬워 보인다. 콜럼버스가 계란을 세운다면서 계란의 한쪽 부분을 깨뜨려 세웠을 때 '쳇, 그까짓 것'이라고 말하는 사람이 많았다. 중요한 것은 콜럼버스를 비웃은 사람들은 '그까짓 것'조차 생각하지 못했다는 사실이다. 실제 인도 시장에 먼저 진출했던 일본이 LG에게 선두를 빼앗겼다는 사실은 문화 통찰이 얼마나 어려운지를 여실히 보여준다. 일본 언론들조차 일본 기업들이 LG처럼 문화 통찰을 하지 못했기 때문에 인도 시장에서 뒤떨어졌다고 지적했다.

"인도 시장에서 자동차는 스즈키, 이륜차는 혼다가 점유율 1위를 기록하고 있다. 현지 수요 및 구매 능력에 맞는 상품을 일본 업체가 개발, 생산할 수 있다는 것을 증명하고 있는 것이다. 다만 생활 습관, 종교 규범 등과 관련된 가전 및 일용품, 식품 등의 분야에서 일본 기업은 망설이는 면이 있다. 이는 인도 시장에 깊숙이 들어가 현지 수요를 파악하고 상품으로 구체화하며, 판로까지 개척할 수 있는 인재가 적기 때문이다."

〈니혼게이자이신문(日本經濟新聞)〉(2010년 5월)

문화 통찰은 한순간에 이뤄지는 것은 아니다. LG전자는 이미

1991년 '한국형 물걸레 청소기'를 히트시키면서 문화적 가치에 대한 통찰이 가지고 있는 힘이 어느 정도인지를 경험한 바 있다. 당시 금성사에서 개발한 물걸레 청소기는 서양식 실내 구조가 아닌 한국형 장판 문화를 염두에 둔 제품으로, 그때까지 국내 어떤 기업도 개발할 생각조차 못한 획기적인 제품이었다. 처음 제품이 개발된 후 보도가 나가자 당시 금성사 상품기획부는 제품에 대한 소비자 문의전화로 며칠간 몸살을 앓을 정도였다. 그뿐만 아니라 기존의 다른 상품을 출시했을 때와는 비교도 할 수 없을 만큼 주문량이 폭주했다. 제때 물량을 대는 것조차 힘들 정도였다. 특히 당시에는 외국산 청소기 제품들과 치열한 경쟁을 하고 있을 때라서 더 큰 의미가 있었다. 이렇게 문화적 가치를 새롭게 발굴해 제품화하면 엄청난 파급 효과를 볼 수 있다. 당시 구자경 명예회장은 이렇게 말했다.

"지금 밀려들어 오는 외국 우량 기업들과 국내 시장에서 경쟁할 때 우리가 상대적으로 갖는 강점은 무엇일까? 그것은 국내 소비자들의 생활 습관, 문화 등을 우리가 그들보다 더 정확히 알고 있으며, 그것을 바탕으로 철저히 밀착해 그들에게 경제적이고 실질적인 가치를 제공할 수 있다는 것이다. 이것은 대단히 중요한 차이이다. (……) 고객이 원하는 실질적인 가치를 진지하고도 용의주도하게 찾으려고 노력만 하면 그런 아이디어는 모든 종류의 제품에 활용될 수 있을 것이다."

과거 금성사 시절에 경험했던 문화적 가치에 대한 통찰은 글로벌 기업 LG에서도 여전히 그 힘을 발휘하고 있다. 달라진 것이라면 과거 금성사가 외국산 제품에 대응해 우리 민족의 생활 습관과 문화를 통찰했다면, 이제는 해외로 나가 그 나라의 생활 습관과 문화를 통찰했다는 점이다.

그 결과 LG는 글로벌 시장이라는 큰 전장에서도 우위에 서 있다. 해외 시장에서의 문화 통찰을 통한 고객 가치 발굴은 현지 브랜드 인지도 1위, 시장 장악력 1위라는 압도적인 결과를 낳았다. 이는 개방에 대한 두려움과 아시아의 작은 나라라는 콤플렉스, 기술 대국 일본이라는 거대한 아성도 여지없이 무너뜨렸다. LG가 가지고 있는 고객 가치 창조의 힘은 이토록 무섭고 강한 것이다.

chapter 15

약속을 지키면
열광하는 팬을 얻는다

고객사를 존중하면 그들은 LG의 팬이 된다

LG의 인간존중 경영은 사내에 적용되는 조직운용 원리인 동시에 LG의 해외 시장 개척 과정에서 그 의미가 확장되면서 고객존중 경영으로 변모했다. 모든 가치의 중심에 고객을 놓고 사고하고 실천하기 시작하자 고객의 마음속 깊은 곳까지 파고들어 그들에게 LG에 대한 신뢰를 이끌어내는 계기가 되었다.

특히 LG화학이 대만 모니터 편광판 시장을 장악하는 과정과 1990년대 초반 유럽과 일본 기업이 태반이던 러시아 시장에 진출해 10년 만에 정상에 오른 과정은 고객존중 경영의 좋은 본보기가 된다. 이 두 과정의 공통점은 고객사에 대한 무한한 헌신, 그리고 그들과 시장에서 같이 죽거나 같이 살겠다는 강한 의지의 실천이었다. 이는 진정한 성공이란 돈이 아니라 마음을 얻어야 이룰 수 있다는 진리를 잘 보여준다.

2004년 대만 모니터 편광판 시장에 진출하기로 결심한 LG화학은 대만 로컬업체를 선택해 시장점유율을 높이는 쪽으로 전략 방향을 잡았다. 이미 그룹 내 또 다른 계열사인 LG디스플레이가 기존 시장에서 입지를 굳건히 다지고 있었지만 여전히 시장점유율을 통한 이익 창출의 기회가 있는 듯했다. 하지만 단순히 기존 시장을 나눠먹기할 생각은 아니었다. 이미 관련 시장은 포화상태에 이르렀고, 그런 식의 나눠먹기로는 직원들에게 동기부여를 할 수 없었다.

결국 LG화학은 고심 끝에 대만업체 중 CMO를 고객사로 선정했다. CMO는 당시 대만 시장에서 업계 3위를 차지하는 메이저회사였다. 하지만 1, 2위와의 격차가 컸기 때문에 새로운 기술과 시장 확장에 대한 욕구가 그만큼 높았다. 또 그들이 TV 시장에서 선전하고 있었지만 모니터 기술 면에서의 노하우는 상대적으로 떨어졌다. 이는 LG의 기술력이 파고들어갈 여지가 많다는 것을 의미했다. 여러 상황들을 고려한 결과 LG화학에게는 CMO가 최적의 파트너라는 생각을 굳히게 되었다.

하지만 CMO의 입장에서는 LG화학의 전략적 제휴 제안이 너무도 갑작스러운 일이었다. 당시 대만 시장에는 이미 LG디스플레이가 활동하고 있었기 때문에 LG화학의 사업 제안이 어리둥절할 법도 했다. 따라서 CMO는 '만약 원자재 공급 부족 현상이 생기면 우리보다 LG디스플레이에 먼저 공급할 것 아니냐'는 우려를 표명했다. 한마디로 믿지 못하겠다는 것이었다.

당시 상황에서는 사업보다 서로 간에 근원적인 신뢰를 쌓는 일이 우선이었다. 이를 위해서 LG화학이 기울인 노력은 어떻게 고객을 만족시키고, 마침내 신뢰를 얻어낼 수 있는가에 대한 중요한 시사점을 남겼다.

내 파트너는 반드시 승진시키고,
내 고객사는 반드시 돈을 벌게 해준다

신뢰와 관련된 문제는 이익과 실적보다 자세와 태도에서 결정되는 경우가 적지 않다. 보통 고객사를 대하는 자세와 태도는 '내 고객사를 통해서 우리 회사가 돈을 벌어야 한다', '파트너와 일을 잘해서 성과를 내고 내가 승진한다'는 것이다. 최종 과녁이 파트너가 아닌 나와 우리 회사에 맞춰져 있다.

하지만 LG화학의 접근 방식은 좀 달랐다. 애초에 대만의 CMO와 일을 시작하겠다는 마음을 먹을 때부터 'CMO의 담당 파트너는 반드시 승진시킨다', 'CMO에게 반드시 돈을 벌게 해주겠다'는 생각을 굳게 가졌던 것이다. 이런 변화된 자세와 태도는 상대방에게 헌신할 수 있게 해주었고, 이는 최종적으로 상대의 감동을 이끌어 냈다.

당시 사업을 전개하면서 LG화학은 고객이 원하는 것이라면 어떤 것이든 해준다는 신념으로 리더들이 실무자들보다 더 발빠르게 뛰어다녔다. 만약 '내일까지 샘플을 달라'고 하면 밤을 새워서 제품을 준비해 저녁 비행기라도 타고 가서 기한을 맞춘 적도 한두 번이 아니었다. 부장, 팀장들이 먼저 나서서 초기 대응을 하고, 어떤 문제가 발생하더라도 매번 한달음에 달려와 해결하는 변함없는 성의에 CMO는 결국 감동하고 말았다. 나중에 CMO의 담당자가 이런 말을 할 정도였다.

"만약 사업을 하다가 무슨 문제라도 생기면 LG화학은 책임지고 막겠습니다."

고객에 대한 헌신은 감동을 이끌어내고 감동은 충분한 신뢰와 믿음으로 되돌아오기 마련이다. 그리고 보이지 않는 진정성은 눈에 보이는 실적으로 나타난다. LG화학의 이러한 헌신에 힘입어 CMO는 자신 없어 하던 모니터 시장에 전념할 수 있게 되었고, 결국 시장점유율을 높였다. 이는 LG화학에게는 매출 상승이라는 결실로 돌아왔다. 그 후 대만 시장에서는 'LG화학이랑 사업을 하면 무조건 돈을 번다'는 소문이 퍼졌다고 한다. CMO의 담당 파트너가 회사에서 승진한 것은 물론이었다. 만약 CMO가 LG화학을 충분히 신뢰하고 그들의 노력에 감동하지 않았다면, 스스로 자신감을 갖고 새로운 시장을 개척하면서 시장점유율을 늘리기는 힘들었을 것이다. 그런 점에서 파트너를 중심에 놓고 사고하며 신뢰를 주는 방식은 냉정한 비즈니스 세계에서도 여전히 유용한 방법이라고 할 수 있다.

기술력에서 우세하다고 자만해서는 안 된다

대만 시장 진출 당시 LG는 확실한 기술력을 갖고 있는 상태에서 파트너를 구하고 있었다. 이런 경우에는 기술력이 있는 측이 자만하는 경우가 많다. 하지만 '우리가 선택해준 걸 고맙게 알아라' 하는 식의 자만은 결국 실무진에게 외면당하고 종국에는 영업에 실패하기 마련이다.

일반적으로 해외 진출 실패의 많은 경우가 바닥 실무자들을 무시한 채 고객사에 가서 "내가 지금 과장이나 만날 위치입니까? 부사장 오라고 하세요!"라고 하는 등의 거만한 태도를 보이기 때문이다.

LG화학이 CMO와 사업을 하는 과정에서도 많은 문제는 있었다.

주문이 들쭉날쭉하고, 납기일이 이리저리 변경되는 경우였다. 이럴 경우 업무 담당자는 짜증이 나게 마련이다. 하지만 LG화학은 오히려 그러한 업무들을 제대로 처리해주는 것이 바로 경쟁력이라고 생각했다. 당시 한 직원은 부장에게 이렇게 불평을 털어놓았다.

"부장님, 우리가 이렇게까지 해야 합니까?"

이 말의 본질에는 자만심이 섞여 있다. 대기업인 LG화학이 이런 사소하고 귀찮은 일까지 해야 하냐는 의미이기 때문이다. 하지만 담당 부장은 정색을 하며 말했다.

"그것도 우리 경쟁력이야. 우리에게 편한 것만 받으면서 어떻게 영업을 하겠나. 차(車)나 포(包)가 장(將)을 잡는 줄 아나? 결국에는 졸(卒)이 장을 잡게 돼 있어. 대기업이라고 자만하지 말고, 오히려 우리가 하청업체라고 생각하고 최선을 다해보자고."

그 결과 CMO의 실무 영업 담당자들은 LG화학에게 전폭적인 신뢰를 보냈고, 자발적으로 최선을 다해 영업현장을 뛰어다녔다. 결국 LG화학은 당시 1위를 기록하고 있던 일본 기업인 닛또덴꼬(NITTO DENKO)를 따라잡고 새로운 강자로 등극했다. 그 어떤 시장에서도 자만하지 않는 것, 그래서 사소해 보이는 졸이 결국 장군을 잡는다는 생각으로 겸손하게 일을 처리해가는 태도는 기술력이 우위에 있는 기업일수록 반드시 실천해야 할 덕목이다.

가감없이 보여주고, 진짜 필요한 이슈를 해결해주어라

신뢰를 얻는 중요한 방법 중의 하나는 무엇보다 가감없이 있는 그대로를 보여주고 상대방을 설득하는 것이다. 당시 LG화학은 CMO를 설득하기 위해 CMO의 임원들을 직접 한국으로 초청해 대전 기술원, 오창 공장을 견학시켜줌으로써 LG화학의 기술력과 미래 역량을 보여주었다. 심지어 LG화학 직원들의 집에까지 함께 가서 친밀한 정을 쌓기도 했다. 공연 등을 통해 한국의 역동적인 모습을 보여주었고, 그런 소소한 배려들은 그들의 마음을 열어가는 중요한 계기가 되었다.

CMO 사람들에게 있는 그대로를 보여주어 마음을 얻은 후에는 그들을 LG화학의 팬으로 만들기로 작정했다. 무엇보다 CMO가 극복하지 못한 과제가 무엇인지를 찾아내는 것이 급선무였다. 특히 그들이 당면한 문제를 해결할 수 있도록 도와주는 것이 핵심이었다. 어려움에 처한 사람에게는 아주 작은 도움이라도 평생 잊지 못할 은혜가 되는 법이다. LG화학 직원들은 곧바로 CMO가 두려워하는 경쟁사들의 현황을 분석하고 장단점을 도출하는 일에 착수했다. 그리고 CMO가 앞으로 나아갈 방향을 다양한 각도에서 제시해 주었다. 당시 프로젝트에 참여했던 한 직원은 이렇게 회고한다.

"우리가 고객사 키맨들을 얼마나 잘 알고 있는지, 그들을 어떻게 LG화학의 팬이 되게 할 것인지를 고민하고 노력했다. 어느 회사든지 아쉬워하는 부분이 있게 마련인데, 이 이슈를 잘 해결해주는 것이 핵심이다. 그들이 궁금해하는 것에 대한 전략적 방향을 제시하고 정보를 공유하는 것이다. 고객사의 경쟁자들을 잘 분석하고 장단점을 도출한 후에 이 정보를 고객사에 공유하는 것도 상당한 도움이 되었다."

이렇듯 LG화학이 대만 모니터 편광판 시장에서 시장점유율을 확대하는 과정은 철저하게 마음을 얻는 것을 기조로 진행되었다. 서로 신뢰가 쌓이면서 LG화학과 CMO는 마치 한 회사 같은 단결력을 보여주었고, 그 결과 현지에서 'LG화학은 대만 로컬업체'라는 이야기까지 나왔다. 그만큼 LG화학은 철저한 현지화와 그 현지인들에 대한 믿음을 통해 성공적으로 사업을 진행시킨 것이다.

LG전자의 러시아 진출 과정도 이와 비슷했다. LG전자는 어려울 때 함께하는 진정한 친구 되기를 변함없이 실천한 덕분에 매년 러시아 국민 브랜드로 선정되는 놀라운 성과를 거뒀다.

　LG전자가 러시아에 진출하던 1998년 이미 유럽과 일본 기업들이 막대한 자본력과 기술력으로 러시아 시장을 장악하고 있을 때였다. 후발 주자 LG전자는 단순히 기술력과 마케팅력만으로는 시장 진입이 쉽지 않다는 사실을 누구보다 잘 알고 있었다. 힘겨운 싸움이 될 것은 예상했지만 실전에서 느끼는 체감도는 생각보다 훨씬 강도 높았다. LG전자는 차별화된 접근 방법을 시도했다. 러시아의 수도 모스크바에 집중하는 다른 기업들과는 달리 모스크바에 20%, 그 외 지역에 80%의 힘을 쏟기로 했다.

　어떤 지역에서는 '외국인을 처음 봤다'고 할 정도인 곳도 있었다. 그만큼 지역사회 깊숙이 들어가고자 했던 것이다. 여기에는 선발 업체들과 정면 대결을 하기 전에 주변 지역을 공략하고, 이를 기반으로 최종 목표인 수도 모스크바로 향하자는 의도가 숨어 있었다. 또한 LG전자는 종합 가전제품을 취급하는 기존 멀티숍 구조에서 벗어나 LG 제품만을 전문적으로 취급하는 LG브랜드숍을 오픈해 초기부터 브랜드를 심어나가면서 탄탄한 시장을 구축하려고 계획했다. 드디어 우랄 지역에 1호 브랜드숍을 열고 의욕적으로 사업을 전개하고자 의지를 다질 즈음 예상하지 못한 일이 터졌다. 2호 브랜드숍을 열자마자 러시아가 모라토리엄을 선언했다는 충격적인 뉴스가 전해진 것이다. 한마디로 평온했던 마을에 폭탄이 터졌다고 표현해도 과언이 아닐 정도였다. 대부분의 외국 기업이 철수하기 시작했고, 그중 철수하지 않았던 소니와 파나소닉 등의 일본 기업들조차도 사업 규모를 대폭 축소했다.

하지만 LG전자는 달랐다. 시장 진입 초기라서 쉽게 포기할 수도 없었을 뿐더러 다른 기업들이 철수하는 그때야말로 기회가 온 것이라는 생각이 들었다. 그리고 '지금 우리가 러시아 소비자들을 떠나지 않고 지켜낼 수만 있다면, 그들 역시 LG전자를 신뢰하고 믿어줄 것이다'라고 판단했다. 그때부터 LG전자 주재원들에게 휴일이란 없었다. 20여 명의 주재원 전원은 매주 금요일 오후면 짐을 챙겨 공항으로 향했다. 광활한 러시아 전 지역에 흩어져 있는 딜러들을 만나기 위해 비행기에 올랐던 것이다. 이러한 숱한 노력을 기울인 결과, 드디어 러시아 딜러들은 LG전자 직원들을 친구라고 부르기 시작했다. 당시 한 딜러는 이렇게 이야기했다.

"수많은 기업들이 러시아를 떠났다. 일본 기업은 규모를 축소해서 그들의 얼굴을 보는 것도 쉽지 않았다. 하지만 LG전자만큼은 절대 위기 상황에 꺾이지 않는 모습을 보여주었다. 그들이야말로 진정한 우리들의 '친구'이다."

친구를 위한 LG전자의 노력은 이것으로 끝나지 않았다. 지방도

시의 어린이 축구교실을 후원했고, 지속적으로 고아원을 방문해 전자제품을 기증하기도 했다. 그뿐만 아니라 러시아 고객들에게 꼭 필요한 제품을 만들기 위해 300곳의 가정에서 함께 생활하면서 그들의 라이프스타일을 철저하게 분석했다. 이런 노력 끝에 탄생한 것이 러시아식 가정요리를 위한 기능이 장착된 현지 적합형 오븐이었다. 자신들에게 딱 맞는 제품을 만들어준 것에 대해 러시아 고객들은 다시 한 번 친구의 이미지를 떠올릴 수 있었다.

시간이 흘러 모라토리엄이라는 파도가 어느 정도 지나가고 2000년대로 접어들었다. 몇 년 전 러시아를 떠났던 유럽과 일본 기업들이 다시 러시아로 돌아왔다. 그들을 향한 시장의 반응은 싸늘했다. 후발 주자 LG전자가 불과 몇 년 만에 러시아 국민들에게 사랑받고 있는 최강의 브랜드가 되어 있었기 때문이었다.

2004년 3월, 러시아 상공회의소가 주관하고 일간지 〈이즈베스티야(Izvestiya)〉와 여러 언론사들이 수만 명의 소비자들에게 직접 했던 설문조사 결과를 발표하는 '러시아 국민 브랜드(Narodnaya Marka)' 선정 생방송 현장. 그곳에서 LG전자는 CD 리코더, 에어컨, 진공청소기 분야에서 '러시아 국민이 가장 사랑하는 브랜드 1위'로 등극했다. 다른 모든 기업들이 철수하는 상황에서도 러시아 국민들과 함께하겠다는 LG전자의 노력이 드디어 찬란한 빛을 보는 순간이었다.

LG Insight

현지화의 핵심은?

한국 기업들의 해외 진출이 늘어나면서 현지화에 대한 고민도 점점 많아지고 있다. 유감스럽게도 일부 기업들은 '현지 채용인원을 100%로 하면 곧 현지화가 이뤄질 것이다'라고 생각한다. 하지만 LG화학의 대만 시장점유율 확대 경험에 비춰보면 현지인 채용이 문제 해결의 핵심이 아님을 알 수 있다. 그렇다면 현지화의 핵심은 무엇일까? 바로 '현지 채용인들에게 얼마나 한국인의 역량과 기술력을 잘 전수할 수 있는가', 그리고 '그들이 얼마나 한국 본사를 신뢰할 수 있게 만드느냐'에 달려 있다.

LG화학의 경우 현지 채용인들에게 끊임없이 기술 교육을 제공했을 뿐만 아니라 정보 공유를 통해서 LG화학을 믿고 의지하게 만들었다. 특히 반드시 관철시켜야 하는 중요한 사안의 경우 그들에게 끊임없이 메시지를 전달했다. 다시 말해, 현지화의 핵심은 단순히 현지 채용인을 늘리는 것이 아니라 그들의 생각과 마인드를 파악해 실천 방식을 바꾸고, 주재원과 마찰없이 협업을 통해 비즈니스를 할 수 있도록 돕는 것이라고 할 수 있다.

chapter 16

신화는 통찰과
역발상으로 만들어진다

소비자의 탄성을 자아내는 새로운 가치의 세계

LG전자가 그동안 걸어온 휴대전화 사업의 역사는 고객 가치 창조의 명암을 그대로 담고 있다. 디자인 중심의 프리미엄 휴대전화 시장을 개척했다고 평가되는 초콜릿폰은 휴대전화는 통화품질만 좋으면 된다는 고정관념을 깼다. 기능 중심의 시장에서 2차적인 문제로 밀려나 있었던 디자인을 전면에 내세워 소비자가 휴대전화를 선택하는 기준 자체를 뒤집었다.

2004년 중반 이후 LG전자의 휴대전화 사업 부문은 난조를 보이고 있었다. 사업 실적 자체도 저조했지만 무엇보다 '싸이언'이라는 브랜드가 소비자들에게 저가 이미지로 각인되면서 경영진과 구성원들에게는 반전의 계기가 필요했다. 그동안 기술력만큼은 세계적 수준으로 인정받아왔던 LG전자 입장에서는 뼈아픈 현실이었다. 1997년 국내 최초로 미국에 PCS 시스템을 수출했고, 2001년 IMT-2000 시스템을 상용화해 세계적인 호평을 이끌어냈다. 여기에 2003년 전 세계 CDMA 시장에서 점유율 1위를 기록하고, 2004년에는 미국 전체 휴대전화 시장에서 12.3%의 점유율로 3위를 기록하면서 기술력과 잠재력을 전 세계에 알린 바 있다. 하지만 기술에 기반한 성장 전략은 곧 한계에 부딪히고 말았다. 즉, 사업자 마켓에서 벗어나 소비자를 직접 상대하는 오픈마켓에서 시장을 주도하지 않는 한 새로운 돌파구를 찾기 어렵다는 결론에 도달한 것이다.

이러한 주변 환경의 변화는 LG전자의 휴대전화 사업을 강하게 압박했고, 새로운 시도가 절실한 상황에 이르렀다. 이때 LG전자가 다시 도전 정신으로 무장하고 시도한 것이 2004년 손오공 프로젝트였다. 손오공은 '손 안에 들어가는 오십(50)cc의 부피를 가진 초슬림 휴대전화 개발 프로젝트'의 줄임말이었다. 프로젝트에 투입된 인원만 90명으로, 상상 1년간 지속된 손오공 프로젝트는 초콜릿폰을 만들어냄으로써 대성공을 거두었다.

특히 초콜릿폰 개발 성공에서 가장 중요한 것은 새로운 통찰이었다. 어차피 기술력 중심의 제품은 포화 시장이었기 때문에 이 틀을 깨는 새로운 것(something new)이 필요했다. 고객에 대한 심층 인터뷰가 진행되면서 팀원들은 이제 휴대전화는 더 이상 기계가 아니라는 놀라운 사실을 발견하게 되었다. 25세부터 32세까지 패션에 민감한 직장인에게 휴대전화는 생활의 일부이자 자신을 나타내는 독특하고 차별화된 개성이기도 했다. 그들의 니즈를 만족시키려면 기계가 아닌 뛰어난 명품 디자인을 만들면 되는 것이었다. 그냥 보는 것만으로도 사고 싶은 휴대전화, 개성과 고급스러움을 표현할 수 있는 감성적인 휴대전화가 그들의 목표가 되었다.

이는 휴대전화를 바라보는 기존 관점의 틀을 깨버렸다. 다른 경쟁사들이 아직도 기술에 연연해하며 가격 경쟁을 통해서 수익을 짜내고 있을 때, LG전자는 디자인이라는 새로운 고객 가치를 발견하게 된 것이다.

새로운 시도가 성공하려면 기존의 것을 과감히 버려야 한다는 것을 팀원들은 이미 다른 경험을 통해 알고 있었다. 그리고 새로운 휴대전화를 만들기 위해서는 기존의 수많은 장식을 과감하게 포기해야 한다는 것도 알고 있었다. 어차피 모두를 가져갈 수 없다면 버리는 것이 최선의 방법이었다. 하지만 버리기란 쉽지 않다. 우선 슬림한 디자인을 유지하기 위해서는 카메라 성능을 포기해야 했다. 당시에 이미 500만 화소를 넘어 800만 화소 카메라가 출시되던 상황에서 초콜릿폰은 130만 화소의 CMOS 방식의 카메라 모듈을 선택했다. 다른 휴대전화와 비교했을 때 카메라 모듈면에서는 뒤처질 수밖에 없었다. 또 카메라의 자동초점 기능도 포기해야 했다. 당시 많은 사람들이 관심을 가지고 있었던 DMB 수신 기능 역시 마찬가지였다. 디자인 측면에서도 기존의 틀을 깨려고 하다 보니 시장에서 이미 통용되던 기본적인 니즈를 포기해야 하는 위험한 선택을 감행해야 했다. 배터리 전면부에 있는 LG 로고도 없앴고, 기존 장식도 절반으로 줄여버렸다.

이러한 결정은 당시 프로젝트팀의 끈질긴 원칙 고수가 있었기에 가능했다.

"기존 고객이 원하는 기능을 충실하게 담는 방식으로 따라갈 것인가, 아니면 위험을 감수하면서라도 색다른 디자인으로 갈 것인가?"

당시 총괄 지휘자도 '디자인에 초점을 맞춰라'라며 새로운 도전에 힘을 실어주었다. 어차피 기술력이 뛰어난 제품 개발로는 더 이상 시장을 확장하는 것이 불가능하다는 것을 알고 있었기 때문이다. 위험이 없는 곳에는 새로운 발전의 기회도 없는 것은 분명한 일이었다.

또한 LG전자는 디자인의 콘셉트가 심플하고 미니멀(simple&mi-nimal) 하면서도 동시에 감성적이어야 한다고 판단했다. 즉 단순히 또 하나의 슬림폰을 만드는 것을 원치 않았다. LG전자는 수많은 회의를 거친 끝에 처음으로 휴대전화에 터치패드 기술을 적용한 터치폰을 마침내 탄생시켰다. 당시 디자인 담당 임원은 디자인 방향성에 대해 다음과 같이 말하고 있다.

"키가 노출되어 있지 않다가 전원을 켜는 순간 마치 전화기가 말을 거는 듯한 느낌을 주도록 하는 감성적 교감(interaction)을 추구했다."

이를 위해 불필요한 선과 로고를 제거해 최대한 깔끔한 디자인을 추구했으며 버튼이 드러나 보이지 않는 순수 검정색 외관의 제품을 구현했다. 전화기가 보통 때는 검은 베일에 싸여 있어 휴대전화인지 MP3인지 정체를 알 수 없다가 터치와 동시에 자신을 드러내어 신비로움으로 소비자들의 감성을 자극하도록 한 것이다. 또한 기존 제품에서 종종 나타나는 제품 표면의 스크래치 발생, 도금이 벗겨지는 문제 등을 해결하는 기술을 개발함으로써 지속적으로 고급스러운 제품 이미지를 유지할 수 있도록 했다.

드디어 최종 네이밍(naming) 결정 회의가 시작되었다. 한편에서는 지속적으로 초콜릿폰으로 가야 된다고 했지만 또 한편에서는 특징을 암시하는 '슈퍼슬림폰'을 주장했다. 당시 양측의 의견 대립은 팽팽했다. LG트윈타워에서 이뤄진 회의는 자정이 넘어서도 끝나지 않을 정도로 열띤 논쟁이 벌어졌다.

"초콜릿요? 그거 이름이 너무 가볍잖아요. 이게 먹는 것도 아닌데!"
"아닙니다. 지금 이 제품에는 감성적인 전략으로 가야 합니다. 슈퍼슬림폰이라니오. 그런 식의 접근은 정말로 곤란합니다."

물론 당시 시장의 대세는 슬림이었다. 다른 기업들 역시 모두 경쟁이라도 하듯이 슬림이라는 단어로 고객들의 눈을 붙잡고 있었다. 하지만 LG의 최종 선택은 초콜릿폰이었다. 슬림이라는 말은 아예 완전히 빠져버렸다. 위험을 감수하고서라도 초기의 콘셉트를 시장에 선보이려는 팀원들의 간절함이 얼마나 컸는지 잘 보여준다. 2005년 11월 말, LG전자가 사활을 건 초콜릿폰이 시장에 출시되었다. 비록 임원들이 새로운 프로젝트로 상황을 역전시키라는 지시를 내렸지만 견고한 시장의 틀을 단시간에 부수는 것은 어렵다고 판단했다. 소비자들의 굳어진 소비 패턴을 한 번에 바꾸기는 쉽지 않기 때문이다.

하지만 초콜릿폰은 상식을 뒤엎었다. 출시되자마자 폭발적인 인기를 끌었다. 하루 개통 수만 3,000대. 엄청난 수치였다. 2004년 가장 많이 팔렸다는 '어머나-뮤직폰'이 출시 한 달이 지난 후에야 하루 1,000대가 넘게 팔린 것과 비교하면 가히 핵폭탄급 판매추이라고 해도 과언이 아니다.

수익률 측면에서도 초콜릿폰은 월등했다. 과거 제품들의 수익률이 평균 10% 정도였다면 초콜릿폰은 그 2배인 20%에 달했다. 고객의 반응 역시 마찬가지였다. 싸이언 하면 저렴하다고 인식했던 고객들의 브랜드 이미지를 프리미엄 휴대전화 브랜드로 바꿔주었다. 무엇보다 고객 만족도가 상당히 높았다. 당시 시장에서 경쟁했던 S사의 초슬림폰에 대한 고객 만족도가 3.9점, 또 다른 P사의 슬림폰이 3.7점에 불과했던 것에 비해 초콜릿폰은 무려 4.2점에 달했다. 국내외 증권사들은 초콜릿폰의 성공에 대해서 이렇게 평했다.

"초콜릿폰이 LG전자의 황금티켓(golden ticket)으로 LG 휴대전화 가운데 첫 글로벌 히트작이 될 것이다."
"초콜릿폰이 LG전자를 살릴 것이다."

실제 초콜릿폰은 해외버전까지 개발되어 유럽 시장에 출시되면서 '레이저 폰 킬러'라는 별명까지 얻기도 했다. 그만큼 파괴적인 영향력으로 시장을 공격했다는 의미이기도 하다. 하지만 LG 휴대전화의 약진은 여기에서 멈추지 않았다. 이른바 블랙라벨 시리즈의 첫 성공을 기록한 초콜릿폰에 이어 샤인폰, 시크릿폰 등이 연속적으로 히트하면서 '저가 이미지의 싸이언'에서 '프리미엄 LG'로 이미지를 굳혀나갈 수 있었다. 이러한 승리의 역사 속에서 최정상을 밟은 것은 다름 아닌 프라다폰이었다.

프라다는 세계적인 명품 브랜드로 소비자들에게 고가의 명품으로 각인되어 있었다. 그런 프라다가 자사 브랜드를 쉽게 내놓을 리 없었다. 무려 5개의 업체가 명품 휴대전화를 출시하려고 이미 프라다의 문을 두드렸으나 프라다는 그들의 제안을 모두 고사했다. 하지만 LG전자가 그들을 제치고 당당히 프라다폰을 출시했다. 그 이유는 LG전자가 프라다의 명성에만 의존하지 않고 진정한 명품 전화를 만들겠다는 진정성을 보여주기 위해 더 많은 노력을 했기 때문이다. 즉 LG전자는 '우리가 만들 테니, 프라다의 상호를 붙이자'가 아니라 '디자인은 프라다가 맡고, 기술적인 부분을 LG전자가 해결하겠다'라는 점을 강조했다. 기획과 개발의 전(全) 단계에 프라다를 참여시킴으로써 진정한 명품 전화의 위상을 함께 만들어가자고 제안한 것이다.

실제 2005년 밀라노의 프라다 본사를 방문한 LG전자 팀의 제안서에는 프라다에 대한 전폭적인 믿음이 실려 있었다. LG전자의 조건은 단순했다. 3인치 크기의 대형 LCD, 그리고 터치스크린 기능 이외에는 디자인에 관한 한 모든 것을 프라다에게 맡기겠다고 제안했다.

마케팅 전략도 모두 프라다가 결정했다. 초기 홍보마케팅 단계에서 TV 광고는 불가능했고, 홍보에 사용될 제품 사진이나 영상도 모두 프라다 쪽에서 결정했다. 그 결과 2007년 1월, 프라다폰이 베일을 벗었다. 판매 실적은 초기 설정한 목표 16만 대를 훨씬 넘어서는 100만 대였다. 모두들 입을 다물지 못할 정도의 성공을 거두었고, 그 결과에 대해 명품 브랜드 프라다 역시 만족해했다. LG 휴대전화가 또 하나의 신화를 쓰는 순간이었다.

휴대전화 사업에서 보여준 LG전자의 약진은 통찰과 역발상에 근거하고 있다. 특히 한계에 부딪힌 기존 시장에서 돌파구를 마련하고자 한다면 LG전자가 보여준 이 두 가지 방식을 염두에 두고 활용할 필요가 있다.

이때 통찰이란 LG전자가 변화하고 있는 소비자들의 숨어 있는 욕구를 정확하게 꿰뚫어본 것을 의미한다. 만약 휴대전화 시장의 포화라는 객관적 환경과 휴대전화를 더 이상 기계가 아닌 자신을 표현하는 수단으로 여기는 소비자의 인식 변화를 읽어내지 못했다면 초콜릿폰이나 프라다폰을 개발해낼 수 있었을까? LG전자가 휴대전화 사업을 선도할 수 있었던 것은 첫째, 이런 패러다임의 변화를 정확하게 읽어냈고, 둘째, 통신 시장에서 기술적으로 앞서야 한다는 기존의 성공 법칙을 과감히 깨고 디자인을 전면에 내세웠기 때문이다.

또한 LG전자만의 역발상이 있었기에 가능했다. 기존 휴대전화 업체들은 기능에 중심을 두다보니 마케팅에서 철저하게 감성을 배제했다. 초콜릿폰이라는 감성적인 네이밍 전략은 이에 반하는 그야말로 역발상이었다. 하지만 LG전자의 예상은 적중했고, 소비자들은 새로운 휴대전화 초콜릿폰에 열광했다.

또 디자인에서 뛰어난 프라다에 전적으로 디자인을 맡기고, LG전자는 전자업체라는 정체성을 살려 기술을 전담한 과감성은 그 어떤 러브콜에도 꿈쩍하지 않던 프라다를 움직였다. 이 역시 다른 업체들은 생각하지 못한 역발상이라고 할 수 있다. 흔히 제휴를 추진할 때 모든 주도권을 가지려고 하는 욕심 때문에 쉽게 이런 제안은 할 수도 없을뿐더러 상상조차 하지 못한다. LG전자가 대한민국 휴대전화 산업에서 늘 도전적인 개척자 정신으로 새로운 역사를 써온 배경에는 역발상이 자리잡고 있다.

하지만 안타깝게도 정상의 자리에서 LG전자는 혼란에 빠지고 말았다. 연속적인 메가 히트와 선도 기업으로서의 자부심이 과했는지 본질에서 점점 멀어진 것이다. 결국 스마트폰에서 변화하는 새로운 패러다임에 발빠르게 대응하지 못해 한동안 부진을 겪게 되었다. 언론은 이를 '스마트폰의 덫에 걸린 LG'로 표현하기까지 했다. 한마디로 충격이었다. 2010년 휴대전화 사업의 연간 누적 적자 규모는 수천억 원에 달했다. 휴대전화 글로벌 3위 업체임을 자랑하던 LG전자로서는 치욕적인 결과였다.

하지만 이 일은 LG전자에게 결코 잊을 수 없는 교훈을 남겼다. 아무리 개척자 정신으로 무장한 혁신 기업도 조금만 늑장을 부리면 순식간에 밀려날 수 있으며, 고객에게 집중하지 않으면 외면당한다는 사실이다.

어떤 기업에도 위기는 닥칠 수 있고, 1등 기업도 언제든지 2등, 3등으로 밀려날 수 있다. 중요한 것은 얼마나 그 위기를 빨리, 그리고 솔직하고 당당하게 인정하고 대응책을 마련해나가느냐 하는 점이다. 이미 LG전자는 스마트폰의 부진에 대해서 "스마트폰에 대해서는 숨길 것이 없다"고 천명하고, 위기와 실수를 인정한 바 있다.

과거를 돌아보면 미래가 보인다. LG의 역사는 곧 새로운 가치 창조의 역사였고, LG는 역전의 명수이기도 했다. 그들의 끈질긴 승부근성은 불가능해 보이는 목표도 '된다'라는 긍정 의지로 달성해냈다. 그리고 그런 LG의 저력은 숱하게 많은 성공 사례에서 입증되어왔다. 언제나 그랬듯이 LG전자는 또다시 스마트폰에서의 부진을 만회하고, 프리미엄 브랜드로서의 위상을 재탈환할 수 있을 것이다. 그리고 이미 LG전자의 선두 탈환을 위한 즐거운 도전은 시작되었다.

chapter 17

사회적 책임을 다하면 고객은 저절로 찾아온다

기업의 존재 이유는 과연 어디에 있는가?

시대와 환경의 변화에 따라 고객이 중시하는 가치도 바뀐다. 이에 따라 기업이 고객을 위해 창조해야 하는 가치 역시 변화해야만 하는데, 최근 고객들이 중요하게 여기는 가치는 과연 무엇일까? 한가지 분명한 것은 기업의 사회적 책임(corporate social responsibility) 실행에 대한 관심이 지속적으로 증대하고 있다는 것이다. 이제 기업의 사회적 책임은 더 이상 자금 흐름에 여유가 있을 경우에만 실행하는 선택적 문제가 아니라 필수인 것이다.

오늘날 고객들은 기업의 사회적 책임 실행과 더불어 보다 건강한 삶, 나 자신만이 아닌 사회와 환경, 그리고 미래까지 생각하는 의식 있는 소비에 지대한 관심을 보이고 있다. 고객의 소비 형태가 합리적 소비에서 사회적 책임을 다하는 기업 제품을 우선적으로 소비하는 '착한 소비'로 변모하는 추세인 것이다. 기업들 또한 이러한 변화에 맞춰 제품과 서비스 창출 과정에서 환경친화적이고 사회공동체에 공헌하는 활동을 활발하게 전개하고 있다. 즉 인간, 기술, 천연자원의 상호 연관성을 충분히 감안하고, 환경 보호에 대한 책임을 인식함으로써 '지속 가능한 발전(sustainable development)'을 수반하는 사업 모델을 수립하는 데 심혈을 기울이고 있다.

고객의 가치가 이렇게 변화된 상황에서 어떻게 해야 고객들이 현명한 소비자로서의 자부심을 느낄 수 있도록 할 수 있을까? LG생활건강의 '비욘드(Beyond)' 사례에서 답을 찾아보자.

과거에도 치약, 샴푸, 세제와 같은 제품들은 매장에 가보면 다양한 브랜드가 즐비해 있어 어떤 것을 골라야 할지 모를 정도였다. 소비자들은 그날따라 가격이 싸거나 덤으로 주는 제품이 있으면 그것을 구매했다. 그래서 경쟁업체 간의 가격 경쟁은 날이 갈수록 치열해졌다. 이러한 사업 환경에서 LG생활건강은 생활용품 분야에서 새로운 성장 동력의 발굴을 절실하게 느끼고 있었다. 돌파구를 찾기 위해 구성된 태스크포스팀은 소비자의 트렌드를 면밀히 조사하고 관찰하기 시작했다. 그 과정에서 눈길을 끄는 사실을 발견했다. 사회가 발전하고 경제 수준이 높아지면서, 고객들은 먹는 것과 입는 것 등 기본적인 욕구나 필요를 충족시키는 데도 건강과 아름다움 그리고 환경 보호를 더욱 추구하고 있었다.

"사람들의 건강과 아름다움을 지킬 수 있도록 하는 것이 우리 회사의 존재 이유일 텐데…… 결국 자연적인 것, 친환경적인 것에서 답을 찾아야 하지 않을까라는 생각이 들기 시작했다."
"소비자들의 성향도 변화하고 있다. 자신들이 중요하다고 생각하거나 의미가 있다고 느끼는 제품에 대해서는 프리미엄 가격을 주고서라도 기꺼이 구매하려는 경향이 커지고 있다."

이와 같은 소비자에 대한 통찰을 바탕으로 LG생활건강은 새로운 콘셉트의 제품, 즉 비욘드를 탄생시켰다. 비욘드는 '머리부터 발끝까지 건강과 아름다움을 더해주는 친환경 토탈 케어(total care)'라는 제품 콘셉트와 더불어 명품의 가치와 합리적인 가격을 동시에 가진 소위 매스티지(masstige) 브랜드를 추구했다. 매스티지란 '대중(mass)'과 '명성(prestige)'을 합성하여 만든 신조어로, 매스티지 브랜드는 일반 대중 제품과 명품 사이의 중고가 고급브랜드를 뜻한다. 매스티지 브랜드는 자신을 드러내고 싶어하고, 건강하고 행복한 삶을 추구하는 소비 트렌드와 잘 부합된다.

우선 비욘드는 친환경 가치를 구현하기 위해 천연 재료나 유기농 재료를 사용했다. 건강과 환경을 중시하는 소비자들에게 친근하게 다가가려는 시도였다. 천연 원료를 사용하고 제품 패키지와 제조 과정에서도 친환경 콘셉트를 강화했다. 즉, 비욘드 하나를 쓰면 유기농 농산물에 대한 수요가 늘고, 또한 환경에도 도움을 준다는 것이다. 좀 더 거창하게 말하면 '나를 위해 선택한 비욘드가 지구를 구한다!'라는 의미를 담고자 했다. 그러나 천연 원료나 유기농 원료를 사용한 제품 개발은 많은 시간과 노력을 요구하는 험난한 과정이었다. 당시 한 팀원의 이야기를 들어보자.

"당시 천연 원료나 유기농 화장품에 대한 연구가 국내에는 전혀 없었다. 인체에 유해할 수 있는 합성계면활성제, 화학방부제, 인공향 등을 없애거나 최소화할 수 있는 노하우가 없다보니 어떻게 식물성분이나 천연 재료를 구성해야 할지 난감했다. 한편 어떤 재료가 피부 트러블에 좋고, 어떤 재료가 보습 유지에 효과가 있는지 등에 대한 연구는 단시간 내에 해결하기가 쉽지 않아 큰 어려움을 겪었다."

상황이 이렇다보니 천연 재료의 기준을 최소한으로 맞추고 가격을 낮추는 것이 낫지 않느냐는 의견이 나오기도 했다. 하지만 고객을 위해 무엇을 더 해야 하는지에 대해 고민하고 근본적인 것에 집중하면 결국 고객이 우리를 선택할 것이라는 신념을 가지고 다시 연구에 매진하기 시작했다. LG생활건강의 연구원들은 해당 분야에서 10년 이상 쌓아온 전문성과 네트워크를 발휘했다. 그들은 외부의 의학·한의학 기관과 천연 원료 연구 기관들과 협업하는 'C&D(connect&develop)' 활동을 전개하면서 천연 재료 및 처방에 대한 방대한 자료를 축적한 후 비욘드 제품에 적용했다. 이런 노력 덕분에 신제품 개발 기간도 상당히 단축시킬 수 있었다.

제품 출시 초기 비욘드가 가지고 있던 또 하나의 어려움은 다양한 제품을 소량으로 생산해야 한다는 것이었다. 또한 타 제품에 비해 3~4배의 투입인력이 필요했다. 이는 천연 원료의 사용과 더불어 비욘드의 원가를 상승시키는 주요인으로 작용하였고 결국 가격 경쟁력을 약화시키는 결과를 가져왔다. 이 문제를 해결하는 데 힘을 발휘한 것은 바로 '비욘드 타임(Beyond Time)'이었다. 비욘드 타임은 비욘드와 관련된 브랜드 매니저, 친환경연구소장, 디자인 팀장, 생산 담당 과장, 영업 담당 과장이 월 2회 정기적으로 모여 문제점을 공유하고 해결방안을 논의하여 의사결정을 하는 자리였다. 생산 담당자들은 이 미팅에 참여하면서 점점 새로운 시각을 갖게 되었다. 비욘드가 고객들에게 주고자 하는 가치를 최종적으로 구현시키는 것은 생산에 달렸다는 책임감을 느끼기 시작한 것이었다. 그리고 사고의 전환에 의한 새로운 관점은 예전에는 보이지 않았던 새로운 해법을 찾을 수 있게 해주었다.

"자동화가 언제나 답이 될 수는 없다는 중요한 사실을 깨달았습니다. 때에 따라서는 설비를 과감하게 제품에 맞추려는 '사고의 전환'이 필요하다는 것을 분명히 알게 되었습니다."

예를 들어, 제품 색깔이 투명한지 불투명한지를 기준으로 생산 라인을 나누었다. 그리고 한 개의 라인에서 두 종류의 제품을 생산해야 하는 경우가 발생하면 투명 제품을 먼저 생산하고 뒤이어 불투명 제품을 생산했다. 이러한 방식으로 별도의 라인 증설 없이도 제품을 납기에 맞춰 생산할 수 있었다. 또한 제품 특성에 따른 라인 전문화를 통해 공정에서 발생하던 청소 시간과 같은 손실을 대폭 줄일 수 있었다. 그리고 생산 라인 작업자들의 다양한 의견도 수렴하여 작업자들이 좀 더 편하게 작업을 할 수 있도록 환경을 개선했다. 이를 통해 처음에는 회의적이었던 다품종 소량생산을 무리 없이 진행할 수 있었다. 그리고 생산원가율도 초기 대비 25% 이상 개선할 수 있었다.

2005년 처음 출시된 비욘드 제품은 해마다 30% 이상의 매출 성장률을 지속하고 있다. 이런 수치 상승보다 더 기분 좋은 것은 비욘드를 사용하는 고객들의 호평이다. 게시판에 올라온 한 주부의 글을 보자.

"비욘드는 아이들 피부에도 안심하고 사용할 수 있어서 참 좋아요. 요즘 자외선이 심해서 아이들에게 선크림을 발라주고 있는데, 비욘드 베이비 선크림은 화학방부제가 들어 있지 않아서인지 아이들에게 부작용없이 부드럽게 쓸 수 있답니다. 비욘드는 사용할수록 참 좋은 제품이라는 생각이 듭니다. 매일 마트에 장보러 가면서도 더 일찍 비욘드를 알지 못한 것이 아쉬울 정도예요."

'고객이 진정으로 원하는 것이 무엇이냐'라는 근본적인 질문에 집중하고 이에 대한 해답을 찾기 위해 노력함으로써 LG생활건강은 좋은 성과를 창출할 수 있었다. 2009년 LG생활건강은 비욘드 제품 관련 10가지 약속을 선포했다. 피부에 안전하고 믿을 만한 제품 제공, 재활용 가능한 포장재 사용, 공정 무역 거래 지향, 친환경 이미지 지속, 화학방부제 무첨가, 인공색소 무첨가 등이 그것이다. 비욘드의 이러한 약속은 기업의 목적 자체를 사회적 책임 관점에서 새롭게 바라본 의미 있는 시도라고 할 수 있다. LG생활건강 구성원들 스스로 일에 대한 진성성과 보람을 더욱 느낄 수 있을 뿐만 아니라 비욘드를 사용하는 고객들을 자연스럽게 지구 환경을 지키는 파수꾼으로 동참시키고 있는 것이다. LG생활건강의 비욘드 사례는 오직 돈을 버는 게 목적인 제품이나 기업은 오래갈 수 없다는 것을 증명해 보였다.

LG Insight

비즈니스는 사랑이다

사랑하는 사람을 위해서라면 그가 원하는 것이 무엇이든 들어주기 위해 최선을 다한다. 누가 시켜서도 아니고, 억지로 하는 것도 아니다. 바로 사랑하기 때문에 저절로 그런 마음이 드는 것이다. 어떤 의미에서 비즈니스는 사랑과 유사하다. 연인들이 서로에게 정성과 노력을 다하면 신뢰가 쌓이고, 사랑이 깊어지는 것처럼 고객사와의 관계에도 정성과 노력이 필요하다.

종종 고객사로부터 여러 가지 번거롭고 까다로운 요구를 받는 경우가 있다. 심지어 쉽게 해결할 수 없는 사안에 대해서 퇴근 무렵 전화해 "내일 아침까지 꼭 부탁해요"라고 말하는 경우도 있다. 같은 직장인끼리 그렇게까지 해야 하는가 하는 마음도 들지만 고객사의 요구를 무시할 수는 없는 노릇이다.

LG화학과 모토로라의 배터리 개발 과정에도 꽤 많은 난관이 있었다. LG화학은 모토로라로부터 스마트폰에 장착할 고용량 배터리 개발을 요청받았다. 하지만 기존 각형 모델로는 모토로라의 요구를 만족시키기란 거의 불가능했다. 결국 LG화학은 폴리머 배터리를 제안했고, 이 제품의 가능성에 대해 설명했다. 모토로라는 LG화학의 제안을 받아들였고 비즈니스는 다시 순조롭게 진행되었다.

하지만 문제는 막상 제품 개발이 끝나고 스마트폰에 배터리를 장착한 후 테스트하는 과정에서 발생했다. 모토로라 측은 '낙하 테스트를 해보니 배터리가 구부러지는 등의 변형이 발생해 배터리가 빠지지 않는 경우가 나타났다'며 불만을 제기했다. 그리고 1.5미터에서 여덟 번을 떨어뜨려도 변형이 생기지 않도록 해달라는 까다로운 요구를 해왔다. 문제가 해결되지 않으면 결국 비즈니스는 무산될 지경에 이르렀다.

이 문제를 풀기 위한 과정은 실로 지난했다. 별도의 팀이 구성되어 원인을 찾기 위한 연구에 들어갔고, 여러 가지 아이디어를 동원했지만 좀처럼 문제는 풀리지 않았다. LG화학 직원들은 그 과정을 전부 매뉴얼화했다. 또 경쟁사 제품을 분석한 LG화학만의 정보까지 모토로라 엔지니어들과 공유하면서 지속적으로 협의를 해나갔다. 결국 모두 30여 가지의 대안이 도출되었고, 재협상 끝에 리스크 비용을 고려한 최종 방안을 결정할 수 있었다. 이렇게 문제가 해결될 때까지 무려 14개월이 걸렸다.

긴 시간 동안 함께한 모토로라 직원들은 LG화학의 노력을 사랑이라고 표현했다. LG화학이 자신들을 사랑하지 않았으면 결코 해낼 수 없는 일이었다는 의미였다. 모토로라는 LG화학 직원들이 보여준 헌신과 지치지 않는 열정, 그리고 끈질긴 노력에 큰 감동을 받은 것이다.

만약 LG화학 직원들이 비즈니스를 단순히 일이라고 생각했다면 어땠을까? 모토로라와의 갈등과 지난한 싸움에서 문제를 해결하고, 비즈니스를 성공적으로 마무리할 수 있었을까?

아마 그렇지 않았을 것이다. 그들의 요구에 짜증이 먼저 났을 테고, 불쑥불쑥 그만두고 싶다는 생각이 들었을지도 모른다. 하지만 그들을 '사랑하자'라고 마음을 먹자, 어떤 요구를 하든 들어주기 위해 애를 쓰게 되었고, 그 결과 그들을 감동시켰다. 고객사가 감동하면 비즈니스는 상승곡선을 타게 된다. 이렇게 사랑과 비즈니스는 같은 이치이다. 결국 연인이든, 고객사든 대하는 사람의 태도와 자세에 따라 결과가 완전히 달라질 수 있음을 이 사례를 통해 잘 알 수 있다.

Part 4

시장이 없다는 것은 핑계일 뿐, 창조하면 된다

시장을 선도하는
LG의 도전 정신

"우리 스스로 블루오션이 되어야 한다"

일을 파괴할 용기가 없으면 대규모 일의 창조는 있을 수 없다.
이것이 내가 창조에 미친 이유이다. 창조를 통해 파괴하라.
그렇지 않으면 도태될 것이다.

포스트모던 경영의 창시자, 톰 피터스(1942~)

chapter 18

'기어이 하겠다'고 덤비는 사람이 新시장을 개척한다

끝없는 창조 VS 어둠의 힘

시장을 레드오션과 블루오션으로 나누는 관점은 많은 경영자들에게 영감을 주었다. 그런데 더 넓은 관점에서 보면 이러한 레드와 블루의 경계는 시장을 순간적으로 쪼갰을 때 나타는 현상일 뿐이다. 이 둘은 칼로 자르듯 구분할 수 있는 것이 아니다. 처음에는 블루오션이었더라도 곧 레드오션으로 변하게 되어 있다. 경쟁을 기본적인 체제로 삼고 있는 자본주의에서는 무한 자유경쟁이 허락되기 때문에 수익이 발생하는 곳에는 반드시 또 다른 경쟁자가 몰려들게 마련이다. 그렇다면 중요한 것은 블루오션이었던 시장이 레드오션으로 변하기 시작했을 때 어떻게 해야 하느냐이다.

20세기 대표적인 경제학자로 손꼽히는 조지프 슘페터(Joseph

Alois Schumpeter)는 '창조적 파괴(creative destruction)'라는 개념을 내놓았다. 양적인 성장에 한계가 있는 자본주의에서 계속 발전해나가려면 어떠한 방식으로든 창조적 파괴가 수반되게 마련이라는 것이다. 성장의 한계 상황에서 전혀 새로운 생산 방식, 새로운 제품, 또는 새로운 자원을 만들어내지 못하면 기업은 도태의 단계로 돌입하게 된다. 하지만 이때 창조적 파괴를 통해 새로운 것을 만들어내면 기업은 그때부터 초과 이윤을 얻어 지속적으로 발전할 수 있다는 뜻이기도 하다.

'레드-블루오션' 담론은 슘페터의 이야기와 묘하게 겹치는 데가 있다. 질식할 만큼 포화된 레드오션, 그리고 과거 방식으로는 더 이상 초과 이윤을 얻을 수 없는 상태에 빠진 기업들이 이 두 가지를 무너뜨릴 수 있는 것은 결국 창조밖에 없다.

LG가 오랜 시간 동안 꾸준히 성장할 수 있었던 비결은 창조를 게을리하지 않았기 때문이다. 한국전쟁으로 폐허가 되었을 때 시작한 구인회상점부터 지금까지 한시도 쉬지 않고 창조를 위한 땀을 흘렸기에 가능한 일이었다. 길이 없으면 만들고, 막혀 있으면 뚫고, 갈피를 잡지 못할 때는 굴러서라도 전진해왔다. 그래서 어려움이 있을 때마다 극복하고 미래를 향해 나아갈 수 있었다. 구인회 창업회장은 이를 두고 '길 없는 밀림 속을 헤쳐나가는 개척자'

라고 표현했다.

전자 산업 진출 역시 LG의 개척과 창조의 DNA를 그대로 보여주었다. 1950년대 중반 새로운 사업 분야로의 진출을 모색하던 구인회 창업회장은 우리나라에서 아무도 라디오 생산에 나서지 않고 있다는 사실을 알게 되었다. 구회장은 '우리 손으로 만든 제품을 고객에게 제공하겠다는 일념'으로 전자 산업에 뛰어들 결심을 하게 되었다. 하지만 이런저런 이유로 주변의 반대가 심했다. '경험이 전무한 분야이다', '미군 PX에서 나오는 외제 라디오와 경쟁을 한다는 게 말이 되느냐', '아직은 락희화학에 전념할 때이다'라는 등의 회의론과 반대론이 쉽게 수그러들지 않았다. 그러나 사업 추진에 대한 구인회 창업회장의 신념은 꺾이지 않았다.

"기술이 없으면 외국에 가서 배워오고, 그래도 안 되면 외국 기술자를 초빙하면 될 것 아닙니까? 한번 검토해봅시다."

그리고 1958년 10월 우리나라 최초의 전자공업 회사인 금성사가 탄생하게 되었다. 회사가 설립되기는 했지만 기술적 바탕이 취약한 상황에서 우리 손으로 라디오를 만들어낸다는 것은 결코 쉬운 일이 아니었다. 그렇지만 국내 전자 산업을 개척한다는 사명감과 열정을 가진 금성사 구성원들은 문제 해결을 위한 과감하고 끈질긴 도전을 지속해나갔다. 개발자들이 밤낮을 잊고 일에 몰두한 결과 당시 국산화가 불가능하다고 여겼던 수신 전파의 선택 스위치를 결국 개발해낼 수 있었다. 또한 실제 생산 후 나타난 라디오 플라스틱 케이스의 수축 및 탈색 등의 문제 역시 수많은 시행착오를 거치면서 해결했다. 심지어 조립에 사용되는 나사를 세게 조이면 부러지는 현상이 발생하자 서울의 나사 공장을 모두 뒤져 고강도 나사를 찾아 문제를 해결하기도 했다. 많은 난관을 극복하고 1959년 11월 금성사는 마침내 전체 부품의 2/3를 자체 제작에 성공한 국산 라디오 제1호 'A-501호'를 탄생시켰다.

   그런데 제품 개발의 기쁨도 잠시였다. 언론과 시민들은 국산 라디오의 등장에 관심을 보였으나 실제 시장은 호의적이지 않았다. 무엇보다도 국민들의 소득 수준이 낮아 라디오를 살 만한 구매력이 충분하지 못했다. 게다가 사회가 혼란한 틈을 타 미군부대에서 유출된 상품과 밀수품이 판을 치고 있었다. 특히 4·19혁명 이후 최악의 불경기는 상황을 더욱 악화시켰다. 당시 소비심리는 극도로 위축되었고, 경기는 밑바닥을 쳤다. 금성사 역시 지리멸렬한 제자리걸음을 계속할 수밖에 없는 상황이었다. 기술 개발에 총력을 기울여야 하는 시점에 매출은 오르지 않고, 시장 상황은 점점 악화일로를 걷고 있었다. 이미 기술적으로 앞선 미국이나 일본의 제품과 경쟁을 하기에는 턱없이 부족한 실정이었다. 이에 일부 직원들은 '한국놈이 서양놈과 일본놈을 어떻게 상대하겠느냐'는 자조 섞인 말을 하기도 했다. 위기에 봉착하자 열정으로 가득했던 회사 분위기는 순식간에 싸늘하게 식어버렸고, 위기 상황을 감지한 창업회장은 전 직원들을 불러 모았다.

"무슨 일에나 시련은 있습니다. 매화는 모진 추위를 겪어야 비로소 향기를 뿜는다는 말처럼 고생 안 하고 얻는 보물이 어디에 있겠습니까. 금성사가 지금 불황에 빠져 있다는 것은 내가 더 잘 알고 있지만 망할 지경은 아니니 걱정들 하지 마십시오. 지금 우리는 전자공업이라는 길 없는 밀림 속을 헤쳐나가는 개척자입니다. 가까운 시일에 고생한 만큼 보람도 얻게 될 테니, 그때까지 모두들 마음을 합치고 힘을 모아 일해주십시오. 1년 더 해보고 안 된다 싶으면 그때 가서 문 닫아도 늦지 않습니다. 앞으로 1년, 그래도 안 되면 그때는 내 손으로 문을 닫겠습니다."

창업자가 자신의 손으로 회사 문을 닫겠다고 말을 한다는 것은 보통 단호한 결의가 있지 않고서는 하기 힘들다. 그만큼 당시 상황은 절박했다. 하지만 지금까지 LG가 문을 닫는 일은 결코 벌어지지 않았다. 끊임없이 새로운 방식으로 제품과 시장을 창조해왔기 때문에 가능한 일이었다.

LG는 라디오 개발을 시작으로 1960년 선풍기, 1965년 냉장고, 1966년 TV, 1968년 에어컨, 1968년 세탁기 등을 국내 최초로 개발함으로써 우리나라 전자 산업 발전의 기틀을 다져나가게 되었다.

LG Insight

위기극복 능력은 리더에 대한 믿음에서 나온다

많은 조직들이 언제, 어떻게 발생할지 모르는 리스크를 최소화하기 위해서 시나리오를 짜고 시뮬레이션해본다. 불확실한 상황 속에서 최소한의 안전판을 마련하고, 위기 상황에 신속하게 대응하기 위한 일종의 행동 매뉴얼인 셈이다. 그런데 문제는 현실이 생각보다 매우 복잡하고 변수가 많기 때문에 머릿속에 그린 시나리오를 뛰어넘어 전혀 예상하지 못한 상황이 펼쳐질 수 있다는 것이다. 이때 가장 필요한 것은 복원력이다. 복원력이란 위기 극복 능력을 말한다. 건강한 사람의 상처가 빨리 아무는 것처럼 복원력이 강한 기업은 리스크를 입어도 빠르게 회복한다. 그래서 기업들은 평상시에 복원력을 강화시키는 훈련을 꾸준히 해야 한다.

복원력을 강화시키기 위해서 꼭 갖추어야 할 조건이 있다. 바로 직원들에게 애사심이 있어야 한다는 것이다. 문제가 발생했을 때 가장 먼저 해결을 위해 나서야 하는 사람들은 다름 아닌 현장 직원들이다. 아무래도 현장에서 떨어져 있는 리더가 보고만을 통해 위기 상황에 대처하는 것은 어렵다. 또 형식적인 절차로 인한 즉각적인 대응이 이루어지지 않았을 때 상황을 악화시킬 수 있기 때문에 현장 상황을 가장 잘 아는 직원이 문제 해결을 위한 아이디어를 내는 것이 제일 좋다. 이것이 가장 빠르고 안전하다.

하지만 직원들이 위기 상황을 자신의 문제로 받아들이지 않으면 아무 소용이 없다. 당연히 이런 분위기에서는 순발력도, 복원력도 기대할 수 없다.

과연 직원들이 회사 문제를 자신의 문제로 받아들이게 하는 방법은 무엇일까?

LG실트론은 위기를 극복하는 과정과 그 이후의 활동에서 생산능력을 높이려는 시도를 꾸준히 실천해왔다. 그러나 시행착오를 거듭했다. 2010년에만 100여 건의 의미 있는 아이디어가 나왔지만 그중에서 80%는 모두 실패로 돌아갔다. 일반적으로 계속되는 실패는 사람을 지치게 만들고 이는 종국에 회사 일에 대한 열정의 온도를 떨어뜨리고 만다. 하지만 LG실트론은 달랐다. LG실트론의 한 직원은 자신들의 열정의 온도가 떨어지지 않았던 비결을 이렇게 술회한다.

"당시 대부분의 직원들은 '비록 우리가 실패를 하고, 아이디어가 잘 구현되지 않더라도 리더가 받아들여줄 것이다'라는 믿음이 상당히 강했다. 리더가 '실패하지 않으면 성공도 없다'는 것을 꾸준히 강조했고, 또 강한 의지도 드러내주었다. 하지만 이 정도는 다른 회사에서도 가능한 일이라고 본다. 당시 LG실트론 직원들이 지치지 않을 수 있었던 것은 바로 우리의 리더는 우리를 평가하는 사람이 아니고, 우리와 함께하는 파트너라는 생각을 했기 때문이다. 바로 이것이 전 직원들이 지치지 않고 회사 문제를 자신의 문제로 받아들여 꾸준히 노력할 수 있었던 근본적인 배경이 아닌가 생각된다."

이를 정리하면, 리더와 직원이 하나의 마음을 가졌을 때 복원력이 생긴다는 것이다. 누구나 처음 시작할 때는 초심을 갖는다. 그리고 초심을 가졌을 때는 열정의 온도가 높다. 그런데 시간이 흐르면 온도가 떨어진다. 이것은 회사 입장에서도 직원 개인적으로도 큰 손해가 아닐 수 없다. 그렇다고 개인에게 모든 책임을 전가할 수는 없다. 그런 상황에 빠질 때까지 직원을 방치한 리더의 책임이 더 크다고 볼 수 있기 때문이다.

'리더가 우리와 함께한다. 비록 실패하더라도 질책만 하는 사람은 아닐 것이다. 뭐든지 새로운 아이디어를 수용해줄 것이다.'

이렇게 리더에 대한 신뢰가 있으면 직원들은 절대 지치지 않는다. 그리고 그 식지 않는 열정은 조직의 복원력을 강하게 만들어 기업 체질을 공고히 하는 데 큰 힘이 된다. 그래서 리더의 자질 중에서도 특히 중요한 것은 권위와 카리스마가 아닌 오픈마인드로 직원들과 함께하는 마음자세이다.

chapter 19

최고의 브랜드가 되는 방법, 새 판을 짜는 선도자의 창의성

시장을 장악하고 선도하기 위한 노력

1등은 되기보다는 수성(守城)이 어렵다는 말이 있다. 최고 또는 1등이라는 찬사를 받는 것도 쉽지는 않은 일이지만, 그 자리를 꾸준히 유지해나가는 일은 더욱 어렵다는 말이다. 한 번 1등이 되는 것은 노력으로 될 수 있지만 그것을 지키기 위해서는 노력만으로 부족하다. 1등을 노리는 경쟁자들 역시 피나는 노력을 하기 때문에 1등을 지키기 위해서 가장 필요한 것은 전체 판 자체를 이끌어가는 능력, 이른바 선도자의 창의성이다. 이는 곧 자신의 의도대로 시장을 변화시켜나가는 능력, 남들이 보지 못한 새로운 시장을 보고 그것에 집중해 들어가는 능력을 의미한다. 결국 노력이라는 기본자세에 선도자의 창의성이 결합되었을 경우 진정한 '세계 1등'이

탄생하고, 그 영광은 계속된다.

 전 세계에서 네 번째로 인구가 많은 국가 인도네시아는 세계 가전 수출의 거점이자, 성장 잠재력을 가진 곳으로 평가받고 있다. 그래서 세계 유수의 가전업체들이 이곳에서 우위를 점하기 위해 갖은 노력을 기울였지만 결국 일본 기업 파나소닉이 1등의 입지를 굳혀왔다. 물론 이 기록은 LG전자가 인도네시아 공략을 시작하기 전인 2000년대 초반까지 유효했다.

 당시 LG전자는 파나소닉에 비하면 현저하게 낮은 브랜드 인지도를 가지고 있었을 뿐만 아니라 인도네시아 국민들 사이에는 '가전제품은 역시 일본'이라는 인식이 팽배했다. 그러나 이런 고정관념이 완벽하게 역전되고, 기존 일본 가전제품의 아성이 무너질 때까지 걸린 시간은 5~6년에 불과했다.

 인도네시아에는 대통령이 직접 수여하는 '프리마니야르타 어워드(Primaniyarta Awards)'가 있다. 인도네시아 정부가 직접 매년 현지 기업과 외자 기업들을 대상으로 수출 실적과 국내 영업 실적, 기술 이전, 사회공헌 등 총 7개 분야에 걸쳐 종합적인 평가를 거쳐 시상한다. 특히 인도네시아 정부가 직접 관여한다는 점에서 공정성에 명예를 더하는 영광의 상이라고 할 수 있다.

 2006년 프리마니야르타 어워드 시상식 자리. 이제껏 일본 브랜드 천국이었던 상황에서 드디어 'LG전자 인도네시아법인'이라는 새로운 왕이 등극했다. 당시 LG전자 인도네시아법인은 총 14억 5,000만 달러의 매출을 달성해 인도네시아 전자업체 중 압도적인 1위를 달성했으며, TV와 냉장고, 세탁기 등 주요 가전제품들이 시장점유율 1위를 차지했다. 명실상부한 프리미엄 브랜드의 탄생이었다. 이러한 영광은 2007년에도 어김없이 재현되었다.

시장조사기관인 GfK는 LG에게 인도네시아 최고 브랜드라는 또 하나의 영광을 선사했다. PDP TV, 냉장고, 세탁기, 오디오, 홈시어터 등 무려 5개 품목에서 시장점유율 1위를 기록한 것이다. LG의 압도적인 브랜드 파워는 2008년에도, 2009년에도 계속 이어져 Gfk에서 2011년 3월 발표한 2010년 시장점유율 조사에서는 무려 10개 품목에서 1위를 휩쓰는 기염을 토하기도 했다. 또 2008년 인도네시아 유력 일간지인 〈솔로 포스트(Solo post)〉가 실시한 소비자 조사에서 LG전자의 제품들은 종합점수 51점을 얻어 파나소닉, 샤프 등 일본업체를 제치고 압도적인 지지를 얻었다. 일본 경쟁사들의 입장에서는 소비자들이 손바닥을 뒤집듯 변덕이 심하다고 할 수도 있지만 LG전자 입장에서는 과학적인 전략에 근거한 창의성의 결과였다. 이제 LG전자는 인도네시아에서 국민 브랜드로서의 입지를 확고하게 굳혔으며, 그들이 사랑하는 대한민국 최고의 기업이 되었다.

과연 이토록 짧은 시간에 무명의 가전업체가 프리미엄 브랜드로 거듭날 수 있었던 비결, 그리고 계속 진화할 수 있는 근본적인 비결은 무엇일까? LG전자의 조류독감 퇴치 에어컨과 모기 퇴치 에어컨의 탄생 과정에서 그 해답을 찾아보자.

LG전자 신화가 인도네시아의 역사에 새겨지기 시작한 것은 지난 2003년부터였다. 당시 인도네시아를 괴롭히고 있었던 것은 다름 아닌 조류독감이었다. 전 세계 조류독감 사망자의 3분의 1이 인도네시아에서 발생한 만큼 시민들은 극심한 불안에 떨었고, 국제사회로부터 원인 규명과 대책 마련에 대한 압박을 받고 있었다. 특히 인도네시아는 닭고기를 주식으로 하고 있었기 때문에 문제는 더욱 심각했다.

이때 LG전자가 시도한 것이 바로 조류독감 퇴치 에어컨 개발이었다. 이는 에어컨은 시원한 바람을 만들어내기 위한 것이라는 고정관념 자체를 뒤집는 혁신이었다. 이 에어컨의 기술적인 핵심은 조류독감 바이러스를 차단해 원천적으로 예방하는 새로운 필터를 개발하는 것이었다. 우선 기술진들이 가장 먼저 떠올린 것은 김치에서 추출한 유산균이었다. 과거 발생했던 중국의 사스(SARS coronavirus, 중증급성 호흡 증후군)에서 힌트를 얻어 필터 개발에 착수했다. 우여곡절 끝에 필터는 개발했으나 또 다른 문제가 발생했다. 필터로 걸러지지 않는 독감균이 문제였다. 조류독감 자체는 예방하더라도 독감에 걸리면 호흡기가 약해져 외부 활동시 독감균에 감염될 확률이 높아지기 때문이었다.

이 문제를 해결하기 위해 LG전자는 인도네시아 최고의 대학이자, 세계적인 미생물 연구소로 손꼽히는 보고르대학과 산학협동을 시행, 집중적으로 연구에 매진했다. 그 결과 새로운 독감균 박멸 방법이 도출되었다. 필터로 걸러지지 않는다면, 직접 찾아가서 독감균을 제거하면 된다는 발상, 즉 이온을 방사해 집 안 전체 공기를 정화시키는 공격적인 방법이었다.

LG전자가 만들어낸 이 혁신적 콘셉트의 제품이 인기를 끌기 시작하자 다른 업체들이 연이어 비슷한 종류의 제품을 만들어내기 시작했다. 경쟁이 과열되자 이를 지켜보던 인도네시아 보건 당국은 공개 성능 검증을 해당업체들에게 제안했다. 기업들이 신기술로 국민들의 건강을 지켜주겠다는 것은 좋지만, 자칫 시장을 혼탁하게 하고 소비자들의 판단을 흐리게 할 수 있다는 우려 때문이었다. 정부 차원에서 공개 검증까지 나섰다는 것은 이 문제가 당시 인도네시아에서 얼마나 심각한 사안이었는지를 여실히 보여준다.

LG전자의 입장에서는 사활이 걸린 사안이었다. 만약 이 검증에서 실패를 하게 되면 이제까지 쌓아왔던 브랜드 인지도와 신뢰도는 추락할 것이 빤했다. 당시 일본 전자 회사들은 인도네시아 정부의 제안을 일언지하에 거절했다. 하지만 LG전자는 거절하는 것이 능사가 아니라는 사실을 잘 알고 있었다. 전 국민의 건강이 걸려 있는 중대한 사안이기 때문에 정부가 나서 검증하겠다고 하는 것은 너무나 당연한 일이었다. LG전자는 내부 회의 끝에 당당하게 검증에 임하자는 쪽으로 결론을 내렸다. 특히 그간 수많은 학자들의 논문을 검토하면서 연구한 결실인 만큼 성능에 자신을 가졌다. 기왕 정부가 직접 나서서 성능을 검증해주겠다는데 피할 이유가 없었다.

국민들의 폭발적인 관심 속에서 공개 검증이 진행되었다. 그 결과 LG전자의 조류독감 퇴치 에어컨은 99.9% 완벽에 가까운 살균 성능이 입증되었다. 이를 계기로 인도네시아 언론들은 LG전자에 폭발적인 관심을 보였고, 고객들 또한 무한한 신뢰와 애정을 보냈다. 인도네시아 정부도 어쩌지 못하고 있었던 조류독감에 대해 이처럼 탁월한 해답을 내놓은 기업은 대한민국 대표 가전업체인 LG전자밖에 없었던 것이다. 이 사건을 계기로 인도네시아 내 LG전자의 브랜드 인지도와 신뢰도는 수직 상승하기 시작했고 프리미엄 브랜드로의 힘찬 도약을 이어나갈 수 있었다.

시장을 장악하고 선도해나가는 LG전자의 노력은 이것으로 끝나지 않았다.

2009년, 인도네시아 대형 가전제품 매장 곳곳에 일제히 현수막이 내걸렸다.

'터미네이터 제품 있음.'

도대체 무슨 말일까? 영화 속 캐릭터 터미네이터가 매장에서 팔리고 있다는 것일까?

이 현수막에서 말하는 터미네이터는 LG전자가 개발한 모기 퇴치 에어컨이었다. 더군다나 제품을 판매하는 가전제품 매장이 아닌 제품을 공급하는 유통업체들이 직접 나서 현수막을 내걸었다. 그만큼 많은 소비자들이 이 제품을 찾았고, 먼저 구매하기 위해 혈안이 되어 있었다.

당시 이 제품은 상당한 고가였다. 일본 제품에 비해 20~30% 정도 비쌌을 뿐만 아니라 심지어 같은 LG전자의 다른 에어컨보다 무려 50% 이상 비쌌다. 그럼에도 불구하고 모기 퇴치 에어컨의 판매 증가추세는 꺾일 줄 몰랐다. 개발자들도 놀랄 정도의 폭발적인 반응이었다. 심지어 마케터들은 '팔 걱정 말고 제품만 제때 생산해달라'고 신신당부를 해올 정도였다. 모기 퇴치 에어컨이 가진 소구력과 구매력이 어느 정도였는지 확인할 수 있는 대목이다.

당시 이 제품이 출시되자 인도네시아에서 함께 경쟁하던 국내 경쟁사는 물론, 이미 높은 시장점유율을 자랑하던 일본 가전업체들은 깜짝 놀라고 말았다. 이미 선풍기나 냉장고 등에서 LG전자에게 밀리고 있던 차에 시장을 뒤흔드는 또 다른 신제품이 나왔으니 당연한 반응일지도 모른다.

참고로 모기 퇴치 에어컨의 기술개발 과정은 조류독감 퇴치 에어컨보다 더욱 힘들었다. 조류독감 퇴치 에어컨은 한국의 전통 음식인 김치가 기술적 아이디어의 배경이 되었지만 모기 퇴치에서만큼은 이렇다 할 노하우가 없었다. 한마디로 처음부터 새롭게 시작해야 했다. 그러나 이 제품이 분명 인도네시아에서 큰 히트를 칠 것이라는 예측은 오래전부터 있었다. 적도지방은 모기로 인한 피해가 많고, 특히 당시 인도네시아에는 뎅기열로 인한 사망자 수가 한 해 1,000명이 넘어 이 질병을 확산시키는 모기가 국민 건강에 심각한 위협이 되고 있었다.

이 프로젝트를 연구하면서 모기의 습성을 세심하게 연구한 끝에 사람을 무는 것은 수컷이 아닌 암컷이라는 사실을 발견했다. 또 암컷이 싫어하는 것은 교미할 때 수컷이 내는 주파수라는 단서를 알아낼 수 있었다. 연구진은 주파수를 증폭시키면 모기를 퇴치할 수 있을 거라는 가설을 세우고 기술적인 방법을 모색했다. 우선 모기가 싫어하는 주파수 대역을 찾는 것이 시급했다.

모기의 생애와 습성을 알아내기 위해 난생처음 《모기학》이라는 전문서를 들춰보기도 하고, 교수들에게 어떤 주파주 대역이 모기에게 치명상을 입히는지 자문을 받기도 했다. 그리고 주파수를 송출할 수 있고, 최소 사이즈의 스피커를 만들 수 있는 업체를 찾기 위해 헤매기도 했다.

연구진들의 노력 끝에 80%의 모기를 녹다운시킬 수 있는 5개의 주파수 대역도, 스피커 사이즈를 최소화해 제작할 수 있는 업체도 찾아냈다. 그 결과 세계 최초의 모기 퇴치 에어컨을 만들어낼 수 있었다. 이렇게 탄생한 터미네이터는 제품 개발 이후 한동안 경쟁 제품 자체가 없을 정도로 독보적인 위치를 점유했다. 그리고 LG전자를 인도네시아에서 프리미엄 브랜드로 만들어주는 효자 노릇을 했다.

chapter 20

기회의 화약고에 용기라는 불씨를 안고 뛰어들다

기회를 포착하는 검독수리의 눈

검독수리(golden eagle)는 자신보다 훨씬 강하고 덩치가 큰 늑대를 사냥하는 것으로 유명하다. 빠른 속도와 민첩성 그리고 강한 발톱을 가진 검독수리는 사냥감을 포착하면 머리를 후려쳐 기절시키거나 몸통 자체를 들어올리는 방법으로 먹잇감을 제압한다. 이런 위협적인 공격이 가능한 이유는 하늘 위에서 먹잇감의 약점을 관찰하고, 공격 기회를 포착하는 날카로운 눈을 가졌기 때문이다.

인생에서도 사업에서도 몇 번의 기회가 생겼다가 사라진다. 하지만 이 기회를 잡아 성공하는 사람들은 극히 소수이다. 그 이유는 무엇일까? 검독수리처럼 기회를 보는 눈을 갖지 못해서이다. 눈앞에 있는 기회도 보지 못하거나 겁이 많아서 또는 다음에 오겠지라는 게으름으로 놓쳐버리는 사람이 대부분이기 때문이다. 하지만 기회란 자주 오지 않는다. 인생에서 중요한 기회가 세 번 온다고 하는 만큼 그 기회를 잘 포착하고, 잡아내는 눈을 길러야 한다.

새로운 시장을 창조하는 것도 마찬가지이다. 남들이 보지 못하는 기회를 찾아내고, 기회를 잡기 위해 사력을 다해야 풍부한 먹잇감을 얻을 수 있다. 개인이든 조직이든 기회를 대하는 태도와 자세에 따라서 결과는 180도 달라진다.

전 세계의 이목이 집중되었던 애플사의 아이폰4 발표회장에서 스티브 잡스는 프레젠테이션을 하는 도중 끊임없이 '어메이징(amazing)'이라는 단어를 외쳤다.

"놀랍다(어메이징). 이런 디스플레이는 꿈도 꾸지 못했다. 일단 한번 써보면 다시는 되돌아갈 수 없을 것이다."

과연 스티브 잡스와 전 세계 언론이 '어메이징'이라고 찬사를 보낸 아이폰4의 획기적인 기능은 무엇일까?

그것은 LG디스플레이의 연구진들이 만들어낸 망막 디스플레이, 일명 레티나(Retina) 디스플레이를 말하는 것이었다. LG디스플레이가 애플사에 제공하고 있는 레티나 디스플레이는 8.99센티미터(3.54인치)에 960×640의 해상도를 지원하는 제품이다. 좁은 공간에 얼마나 많은 화소를 넣을 수 있느냐가 결국 화질을 결정하게 되는데, 아이폰4에 사용된 레티나 디스플레이의 경우는 1인치당 무려 326개의 화소가 들어갈 수 있다. 한마디로 기존 제품들과는 질적인 차별화를 이루어낸 것이다.

기술적인 차별화로 인해 소비자들은 기존 LCD 화면에 비해 무려 4배 이상 밝고 선명하게 즐길 수 있게 되었다. 하지만 이렇게 매력적인 디스플레이의 탄생 과정에는 수많은 연구진의 소중한 땀이 숨어 있다.

레티나 디스플레이에는 IPS(In Plane Switching) 패널이 사용되었다. IPS 패널보다 낮은 기술력을 요하는 TN과 VA 패널이 디스플레이 패널 시장을 주도하던 1999년 당시, IPS 패널의 수율(투입 수에 대한 완성된 질이 좋은 물품의 비율)은 20% 정도였다. 100개의 제품 중 80개가 불량으로, 한마디로 비즈니스 자체가 불가능한 수준이었던 것이다. 그러다 보니 대부분 국내외 기술자들은 IPS 패널의 성능이 우수하지만 기술적으로 수율을 높일 자신이 없어 IPS 패널 기술 연구에 도전할 생각조차 하지 않았다.

연구진들의 두려움이 얼마나 컸는지 여실히 보여주는 일화가 있다. 당시 디스플레이 패널 분야에서 두각을 보이던 대만의 기술진들 사이에서 투표가 진행되었다. IPS 패널 기술에 도전할 것이냐, 말 것이냐를 결정하는 투표였다. 물론 결과는 노(no)였다.

그러나 세계 1등 기업을 추구하는 LG디스플레이에게 IPS 패널의 원천 기술은 반드시 개발, 보유해야 할 사명과도 같은 것이었다. 특히 높은 기술력을 요구할수록 투지를 불태우는 LG디스플레이 기술진은 이 사업을 결정하는 데 적지 않은 영향을 미쳤다.

물론 기술적 난이도가 높은 만큼 사업 자체가 좌초될 위기에 처한 경우도 있었다. 초기 기술 개발에 성공한 후 제품을 출시하자 고객사들로부터 패널에 얼룩이 심하다는 항의는 물론 심지어 쓰레기 같다라는 혹평을 받았던 것이다.

기술진들은 그 원인을 찾기 시작했다. 그 결과 모니터 패널을 만드는 과정에서 두 유리판 사이에 들어가는 입자가 원인이라는 것을 밝혀냈다. 몇몇 특정 입자들이 골고루 퍼지지 않아 얼룩 현상이 발생했던 것이다. LG디스플레이의 IPS 패널 양산팀은 이 문제를 해결하기 위해 수백 번의 실험을 거듭했다.

고생 끝에 낙이 온다고 했던가. 그들은 실험을 반복하는 동안 결국 전혀 새로운 구조를 발견해냈다. 이로써 말썽 많던 입자 문제를 완벽하게 해결하는 단계에 이르렀다. 그 기술적 성과는 스티브 잡스의 말처럼 어메이징한 사건이었다. 한평생 엔지니어로 살아왔던 부사장은 이렇게 자신들이 이룬 성과에 대해 말했다.

"그동안 엔지니어로 살아오면서 이렇게 가슴 뛰는 기술적 발견은 처음입니다!"

그리고 당시 팀원들은 품질 문제에서 완벽하게 해방되었다는 의미로, 이 구조를 '815구조'라고 불렀다. 그만큼 이 기술에 대한 성과와 자부심이 크다는 방증이기도 하다. 기술 개발을 시작한 지 1년 만에 LG디스플레이의 연구진은 20%라는 IPS 패널의 낮은 수율을 무려 90%까지 끌어올렸다. 그리고 LG디스플레이의 IPS 패널 기술은 애플사로 수출되어 현재 세계적인 휴대전화인 아이폰4에 장착되어 판매되고 있다. 결국 스티브 잡스의 '어메이징'은 LG디스플레이가 개발한 IPS 패널의 원천 기술이 있었기에 가능한 셈이다.

IPS 패널의 기술적 성과는 기회를 발견했을 때 용기 있고, 집요하게 파고들면 어떤 결과가 기다리는지 잘 보여주고 있다. 모두 주저하고 있을 때, 알고는 있지만 실천하고 있지 않을 때, LG디스플레이는 용기를 갖고 도전했으며, 결국 최고의 기술이라는 찬사와 함께 그들의 역량을 세계에 보여줄 수 있는 기회를 획득했다.

LG전자의 북미 세탁기 시장 공략은 기회를 잡아내는 검독수리의 날카로움을 또 한 번 보여준 사례이다. 냉장고, 세탁기, 의류건조기, 식기세척기는 미국에서 가장 많이 팔리는 가전제품이다. 그 중 세탁기는 한 해 수요가 1,000만 대에 달하는 엄청난 규모이다.

그러나 미국 세탁기 시장은 견고한 성처럼 배타적이었다. 2007년 LG전자가 시장을 제패하기 전까지만 해도 단 한 번도 외국 브랜드에게 자리를 내준 적이 없었다. 실제 북미 시장 진출을 앞둔 LG전자에게 딜러들조차 "품질, 서비스, 소비자 수용성 등이 검증되지 않은 아시아 브랜드를 어떻게 고가에 팔 수 있겠는가"라며 회의적인 반응을 보였다. 하지만 LG전자는 2003년 북미 시장에 프리미엄급 세탁기를 론칭하기에 앞서 무려 4~5년 정도를 투자하면서 치밀하게 준비했다. 또 이미 1990년 중반부터 국내에서는 북미 시장을 겨냥한 장기 프로젝트가 진행되고 있었다.

늘 그렇듯 시장은 창의적인 도전에 길을 열어주는 법이다. LG전자는 북미 시장 공략을 준비하는 과정에서 매우 중요한 시장을 발견하게 된다. 당시 대부분의 가정에서는 빨래를 위에서 넣는 T/L(Top Loader)방식의 세탁기를 사용하고 있었고 F/L(Front Loader)방식, 즉 드럼세탁기는 전체 시장에서 겨우 15%를 차지하고 있는 상황이었다. 이는 바로 드럼세탁기 시장의 성장 가능성이 높다는 것을 의미했다.

LG전자는 본격적으로 세탁기를 개발하기에 앞서 미국인들의 생활습관을 유심히 관찰했다. 그뿐만 아니라 현지인의 가정에 머물면서 세탁기와 관련된 행동을 하나하나 지켜보았다. 미국 소비자들은 값싸고, 실용적인 옷을 사서 자주 갈아입고 한꺼번에 세탁한다는 중요한 사실을 발견하게 되었다. 이는 곧 대용량 세탁기에 대한 수요가 있다는 것을 의미했다. 또 대부분 가정에서 세탁기를 지하에 두고 사용하고 있었는데, 세탁기를 지상에 올려 가까이에서 편리하게 사용하고 싶어한다는 흥미로운 점도 알게 되었다.

기술적인 면에서 LG전자는 이미 드럼세탁기에 관한 노하우를 가지고 있었다. 하지만 세탁기와 건조기를 함께 쓰는 미국인들의 생활방식에 부응하려면 기술 개발이 더 필요했다. 특히 LG전자는 건조기에 대한 기술이 없었던 탓에 적지 않은 고생을 하기도 했다.

그러나 LG전자에게 가장 큰 문제는 브랜드 인지도였다. 무작정 광고나 마케팅을 한다고 해서 해결되는 일도 아니고, 설사 그렇다 치더라도 엄청난 자금이 투입되어야 한다. 특히 북미 시장은 규모가 큰 만큼 더 많은 비용이 책정되어야 했다. 이때 LG전자에게 돌파구를 마련해준 것이 바로 제품 리더십(product leadership)이었다. 제품의 브랜드 인지도가 0점이라면 제품 그 자체로 소비자들에게 정면 승부를 거는 방식이다.

제품 리더십의 최고 장점은 비록 브랜드 인지도가 없어도 제품으로 소비자의 마음을 파고들 수 있다는 것이다. 한번 써보고 제품이 맘에 들기만 한다면 소비자 사이에서 입소문은 물론 궁극적으로 브랜드까지 각인시킬 수 있게 된다. LG전자는 소비자들이 이제까지 보지 못한 제품, 느끼지 못했던 감성, 그래서 보는 순간 '와!

이 제품은 도대체 뭐야?', '어디서 만든 거지?'라는 궁금증을 자아낼 수 있는 혁신적인 제품을 개발하기 위해 노력했다. 이런 고민과 노력 끝에 2004년에 '메이플라워', 2006년에는 '디스커버리'라는 첨단 기능을 겸비한 제품을 출시했다. 4.0큐빅피트의 대용량에 스팀은 물론 저진동, 저소음, 레드 컬러의 세련된 디자인, 큰 LCD 화면까지 갖추었다. 그 이후로도 LG전자는 이제껏 소비자들이 한 번도 경험해보지 못했던 혁신적인 기능으로 무장한 전혀 새로운 제품들을 연달아 출시했다.

그 결과는 놀라웠다. 2007년, LG 세탁기는 북미 시장에 진출한 지 5년 만에 F/L 세탁기 시장점유율 1위(22.9%)를 달성하는 것은 물론 미국 소비자 평가 기관인 JD Power로부터 3년 연속 '세탁기 부문 최고 브랜드'로 선정되었다. LG전자의 신화는 여기서 멈추지 않았다. 2008년 하반기에 출시한 가로 16.9인치의 스퀘어 도어를 장착한 4.5큐빅피트(한국 기준 17Kg) 대용량 세탁기는 대히트를 쳐 1,100달러가 넘는 프리미엄 시장에서 부동의 1위를 기록했다. 또한 600~1,100달러 가격 정도의 제품을 구매하는 합리적인 소비자층을 겨냥해 맞춤형 제품을 출시하면서 이 시장에서도 선두를 지켰다. 결국 600달러 이하의 저가 시장을 제외하고는 LG 세탁기가 모든 영역을 석권해버린 것이다.

IPS 패널 기술 개발과 북미 세탁기 시장 진출은 한계 상황에 대한 진취적인 도전과 혁신의 성과물이다. IPS 패널은 세계 여러 나라의 기술자들마저 두 손 들 정도의 고난도 기술이었으며, 북미 세탁기 시장은 무너뜨릴 수 없는 견고한 성이었다. 그러나 역동적으로 변하는 소비자들의 마음과 시장의 판도는 늘 새로운 도전을 기다린다. 지금은 부동의 시장처럼 보여도 시간이 지나면 반드시 새로운 도전자가 생겨나고 세상에 없던 새로운 제품과 서비스를 선보이게 마련이다. 이때 필요한 것은 언제든 기회를 포착해, 자신의 것으로 만드는 검독수리의 날카로움과 민첩함일 것이다.

chapter 21

수익률 낮은 1위는 그만, 고부가가치 시장을 선점하라

1등을 향한 역전 드라마

1990년대 중반, 당시 아날로그 TV 시장에서는 이미 일본 제품들이 전 세계적으로 맹위를 떨치고 있다. LG전자의 TV 산업은 그때만 해도 30년 이상이나 뒤처진 상태였다. 여기서 주목할 점은 아날로그 TV 시장은 이미 극도의 포화상태인 레드오션의 전형이었다. 따라서 업계에서는 이미 다음 세대의 키워드에 대한 이야기가 흘러 나왔다. 그것은 바로 '디지털 TV'라는 새로운 시장이었다.

미국의 경우 1980년대 말부터 디지털 TV 시대를 준비하고 있었다. 하지만 이와 관련된 중요한 원천 기술인 디지털 전송 방식에 대한 연구가 전무했다. 1990년대 중반까지만 해도 관련 기술을 개발하려는 시도조차 거의 없었던 것이 이를 방증한다. 상황이 이렇다

보니 기술적인 검증이 이뤄지지도 못했다. 한마디로 기술적 해법이 없는 밀림 상태였다. 앞으로 나아가야 하는데, 전혀 방법을 알 수 없는 혼돈의 상황이기도 했다.

LG전자에게는 또 다른 기회였다. 레드오션인 아날로그 TV 시장에서 출혈하는 것보다 가까운 미래에 다가올 디지털 TV 시대에 발빠르게 대응하기 위한 디지털 TV의 원천 기술만 개발, 확보하면 TV 시장의 새로운 강자가 될 수 있는 중대한 시점이었다.

디지털 TV 시장을 장악하고, 선도하기 위해서는 두 가지 문제가 해결되어야 했다. 하나는 디지털 방식으로 전송되는 신호를 안방에서 잡을 수 있는 수신칩, 다른 하나는 디지털 TV의 개발이었다. 이 두 가지만 개발에 성공하면 디지털 TV 시장 석권은 그리 어려운 일이 아니었다.

우선 LG전자는 1995년 제니스(Zenith)사를 인수하면서 본격적인 디지털 TV 시장 공략을 위한 교두보를 마련했다. LG전자는 제니스가 초기 설계해놓은 칩을 바탕으로 디지털 수신칩에 대한 연구에 박차를 가했다. 수신칩은 컴퓨터의 CPU(중앙처리장치)에 해당하는 핵심 부품이다. 한마디로 TV의 두뇌인 셈이다.

그러나 더 큰 문제는 당시 국내에는 아직 디지털방송 신호 자체가 없었다는 점이었다. 그러니 내부적으로 디지털신호를 만들어가면서 실험을 할 수밖에 없었다. 이렇게 6개월간의 기나긴 노력 끝에 LG전자 연구진은 자체 기술로 VSB 수신보드 개발에 성공했다. 하지만 성공의 축배를 든 것도 잠시. 그때부터 더 큰 산을 넘어야 했다. 미국 현지에서 테스트를 거쳐 인정을 받아야 했던 것이다.

그 테스트에 통과하기 위해서는 더 엄밀한 데이터들이 필요했다. 연구진들은 아날로그 TV 시절에도 난시청 지대로 분류된 미국의 특수한 지역을 선정해 본격적인 테스트에 돌입했다. 고층 건물과 차량 이동이 많은 도심 한가운데에서 실험하는 것은 상당히 어려운 일이었다. 특히 조용한 실험실 환경과 달리 외부에서는 변수가 많았다. 예상하지 못한 문제들이 속속 드러나기 시작했다. 매일 실험을 하고 그 결과에 따라 수정하는 나날들이 반복되었다.

실험은 한여름의 뙤약볕에서도, 강풍을 동반한 태풍 속에서도, 함박눈이 쏟아지는 추운 겨울에도 계속 진행되었다. 이 과정에서 경찰이 출동하는 웃지 못할 사건이 발생하기도 했다. 누군가가 경찰서에 전화를 걸어 낯선 동양인들이 이해할 수 없는 행동을 길거리에서 하고 있다며 신고를 한 것이다.

갖은 고생 끝에 연구를 시작한 지 2년 만에 세계 최초로 VSB(미국 디지털 TV 전송 방식 표준) 수신칩 개발이 완료되었다. 이는 단순히 칩 개발에 성공했다는 것을 넘어서 드디어 한국이 디지털 TV 수신칩의 원천 기술을 가진 국가 대열에 들어섰다는 중요한 의미를 지니고 있기도 했다.

새롭게 열리는 시장을 선도하려는 LG전자의 창조적인 노력은 이것이 끝이 아니었다. 수신칩 개발 성공에 탄력을 받은 직원들은 우리 기술로 만든 칩이 담긴 한국형 디지털 TV를 만들어보자는 욕심이 생겼다.

연구 개발에 매진한 결과 드디어 1999년 대한민국 최초의 대형 디지털 TV가 완성됐으며, 이는 곧 미국에 300대를 수출하는 계약으로 이어졌다. 그 후 LG전자는 지속적으로 성능을 개선했고, 결국 셋탑박스가 TV 내부에 장착된 일체형 TV도 세계 최초로 개발해낼 수 있었다. 설계도 위에서만 상상할 수 있었던 제품이 끝없는 노력으로 현실에서 창조된 것이다. 그 결과 현재 북미의 디지털방송 수신 TV에는 한 가지 공통점이 있다. 그것은 어떤 브랜드의 제품이든, LG전자가 만들어낸 원천 기술을 사용하고 있다는 점이다.

원천 기술에 관련해 우리나라는 일본에게 뼈아픈 굴욕의 역사가 있다. 전자기술 분야의 사업을 시작하려면 매번 원천 기술이 없어 그들에게 손을 벌려야 했고, 영업현장에서 힘들게 일한 성과를 고스란히 로열티로 일본에 지불해야 했다.

하지만 이제 그 서러운 관계는 LG전자의 노력으로 역전됐다. 아무리 뛰어난 일본산 TV라고 해도 우리의 피땀이 녹아들어간 수신칩 없이는 디지털방송을 볼 수 없기 때문이다. 이제 일본이 우리나라에 로열티를 주어야 하는 상황으로 뒤바뀐 것이다.

또 LG전자라는 브랜드로 처음 디지털 TV 시장에 진출할 때만 해도 아는 사람이 거의 없었다. 전 세계 가전제품 시장은 일본업체의 독무대나 마찬가지였다. 하지만 수신칩과 세계 최초 디지털 TV 개발은 LG전자는 물론 대한민국의 위상마저 바꾸어놓았다. 그리고 일본업체들은 국내 기업들의 선전으로 인해 시장에서 한쪽으로 밀려나고 말았다.

LG전자의 브라질 TV 시장 진출은 레드오션에서 탈출해 어떻게 블루오션을 새롭게 창조할 수 있는가를 잘 보여준다.

1990년대 후반, 남미 시장의 첫 관문이라고 할 수 있는 브라질에서는 세계 가전제품업체들의 전쟁이라고 할 정도로 치열한 쟁탈전이 벌어지고 있었다. 물론 글로벌 기업들은 이미 브라질 가전 시장을 장악하며 위상을 드높이고 있을 때였다. 후발주자로 나타난 LG전자는 전략적으로 현지에 공장을 세우고 의욕적으로 진출했다. 하지만 성과는 좋지 않았다. 1997년부터 2000년까지 3년간 누적 적자만 500억 원에 달했고 시장점유율은 1.2%라는 미미한 수준에 불과했다. 최악의 경우 시장에서 철수해야 할 정도의 심각한 상황에 처하게 되었다.

당시 LG전자는 난관을 타개할 새로운 돌파구를 찾기 시작했다. 그때 브라질 사람들의 축구 사랑이 유별나다는 점이 눈에 띄었다. 그리고 시장조사를 통해서 스포츠 마케팅이 효과적이라는 판단을 내렸고, 세계적인 남미 축구의 강호 '상파울루 FC'를 후원하기로 결정했다. 다행히 그 예측은 맞아떨어졌고, 후원금의 15배에 달하는 광고 효과를 통해 LG전자는 기사회생할 수 있었다.

하지만 이는 단기적인 성과에 불과했다. 더 근본적으로 브라질 가전 시장을 공략할 수 있는 전략이 필요했다. 시간이 흐르면서 전자레인지가 시장점유율 1위를 차지하기도 했지만 관세 장벽이 높은 브라질에서 수익률은 굉장히 낮았다. 1위를 했다고 마냥 좋아할 수만은 없는 노릇이었다. LG전자는 결단을 내려야 하는 중요한 시점에 도달했다는 것을 깨달았다. 그들이 가야 할 길은 명백했다.

'수익률이 낮은 사업을 접고, 고부가가치를 창출할 수 있는 프리미엄 시장을 새롭게 창조해내자!'

LG전자는 레드오션에서의 출혈 경쟁을 과감하게 포기하고 블루오션인 고급 프리미엄 시장을 공략하기로 했다. 브라질에는 그럴 만한 충분한 잠재력이 있었다. 중산층 인구가 4,000만 명이 넘은 시점에서 프리미엄 시장은 가능성이 있었다. 이후 LG전자는 최고급 백화점의 최고급 매장과 협력해서 '프리미엄 LG'를 만들어나가기 시작했다. 또한 그동안 저가 제품에 투입되었던 생산력과 연구 인력을 과감하게 재배치하고, 프리미엄 시장 공략에 박차를 가했다. 그 결과, 2004년 5월 승용차 한 대 가격에 육박하는 1만 9,000헤알(한화 약 1,000만 원)의 42인치 TV가 한 달 만에 200

대가 판매되는 놀라운 일이 벌어졌다. 브라질 판매업자들도 놀랐고, 유통업자들도, 당사자인 LG전자도 놀랐다. 이에 고무된 LG전자는 과거보다 더 공격적으로 시설에 투자했다. 그리고 관세에 영향을 받지 않는 제품을 생산할 수 있도록 만반의 준비를 갖췄다. 그 후 LG전자는 2005년에 2만 5,000대, 2006년에 10만 대의 TV를 판매하는 폭발적인 성장세를 거뒀고 시장점유율 75%라는 경이적인 기록을 달성했다.

프리미엄 시장 창조는 그 후에도 계속 이어졌다. 현지 제품 가격의 세 배에 해당하는 양문형 냉장고, 52인치 대형 PDP TV, 고급 LCD 모니터, DVD 플레이어까지 계속 시장을 선도해나갔다. 그 결과 종합가전매장이 아니라 아예 LG전자제품만 판매하는 별도의 최고급 LG전자 매장까지 탄생시킬 수 있었다. 당시 한 브라질 방송인은 이런 이야기를 했다.

"LG는 왜 자동차를 만들지 않죠? LG에서 만들면 최고급 제품을 만들 수 있을 텐데 말이죠. 참 아쉽습니다."

창조하는 자는 시장을 선도하고, 선도하는 자는 시장을 장악할 수 있다. 그 시작은 앞이 보이지 않는 밀림이었지만, 모두가 뒤를 따라가는 리딩컴퍼니라는 위대한 결과를 낳는다.

chapter 22

금맥을 찾으려면 영역을 파괴하고, 전쟁터를 옮겨라

새로운 가치 창조의 위력

새로운 가치를 만드는 것은 금맥을 찾는 것과 유사하다. 첫째, 깊은 곳에 숨어 있어 찾기는 어렵지만 한 번 찾아내면 커다란 결실을 얻을 수 있다. 둘째, 남들이 미처 찾지 못한 곳을 끈질기게 파고 들어가야만 발견할 수 있다. 결국 금맥 찾기나 새로운 가치 창조는 남이 할 수 없는 것, 남이 하지 않는 것을 할 때 가능하다.

LG는 한국 최고의 혁신 기업이라는 이름에 걸맞게 그동안 세상에 없던 새로운 것을 만들려는 시도를 해왔다. 소비자들조차 알지 못했던 내면의 욕구와 감성 속으로 들어가 눈에 보이는 구체적인 제품으로 표현해냈고, 그 결과 신뢰와 사랑을 한몸에 받았다. 이런 LG의 금맥 찾기는 오즈(OZ)와 인터넷전화 서비스에서 두드러게 나타났다. 이 두 가지 서비스는 기존 영역을 파괴, 전쟁터를 옮겨 독보적인 가치를 찾아내 현실화시켰다는 점에서 매우 탁월한 금맥 찾기를 실현했다고 할 수 있다.

myLG070이라는 새로운 금맥이 빛을 드러내기 시작한 것은 2006년 초반이었다. 당시 개인용 컴퓨터를 기반으로 하는 인터넷전화가 있기는 했지만 품질과 전화번호 문제로 시장에서는 유명무실했다. 대중들의 관심이 없다보니 기업들은 이를 발전시킬 어떠한 조치도 취하지 않고 있었다. 이때 LG데이콤(현재 LG U+) 인터넷 사업 상품개발팀에서는 이러한 상황을 예리하게 포착했다. 게다가 무선랜 와이파이(Wi-Fi)에 대한 낙관적인 전망이 결합되면서 드디어 '개인을 위한 인터넷전화'라는 혁신적인 사업 아이템이 구체화되었다. 국내 통신업계의 공룡을 잡을 수 있는 새로운 기회가 LG데이콤에게 찾아왔다. 당시 사업에 참여했던 한 팀원의 이야기를 들어보자.

"전쟁터를 옮길 필요가 있었다. 당시 우리는 KT를 극복하지 못해 만년 2위 사업자의 위치에 있었다. 따라서 새로운 시장과 독자적인 고객 가치를 찾아서 승부를 걸어야 했다. 방법은 KT가 절대로 할 수 없는 것을 해보자는 것이었다. 특히 고객들은 통신비 절감에 대한 간절함이 있었다. 잘만 하면 좋은 사업이 될 수 있다는 생각이 들었다. 바로 그때가 중요한 시점임을 직감했다."

KT의 경우 전화기 보증금 18만 원에다 전화를 쓰지 않아도 한 달 기본료로 5,200원을 내야 했다. 인터넷전화는 이러한 기존 시스템에 충격을 줄 수 있는 강력한 서비스임이 틀림없었다. LG데이콤이 이 서비스를 시작한다고 해도 KT가 빨리 대응할 수 없을 거라는 예상도 했다. KT가 인터넷전화 서비스를 시작한다는 것은 자신의 사업영역 자체를 포기해야 한다는 것을 의미하기 때문이다.

하지만 막상 프로젝트가 시작되니 역시 어려운 점이 툭툭 불거져 나왔다. 당장 인력 문제가 심각했다. 당시 LG데이콤의 경우 통신 서비스업체이지, 단말기를 개발하거나 판매하는 회사가 아니었다. 그러다 보니 단말기 기획자도 없었고 개통, AS 관련 전문가, 물류 관련 전문가도 전무했다. LG 곳곳에 흩어져 있던 기술연구원들과 네트워크 담당 인력, 심지어 외부 인력까지 영입해야 했다.

실제 테스트 과정에서도 여러 가지 문제들이 제기됐다. 특히 잡음이나 수신이 끊어지는 문제의 원인을 잡아야 했다. 원인 파악을 위해 사내 직원 200명에게 제품을 나눠주고, 시범적으로 사용하게 해보았다. 이렇게 서비스를 안정화시키기 위한 실험이 계속 되면서 애초 6개월로 잡았던 개발 계획은 1년이나 늦어지게 되었다. 하지만 안정적인 기술 기반을 확보하기 위해서는 반드시 거쳐야 할 과정이었다.

드디어 개인을 위한 인터넷전화 서비스가 완성되고, 론칭하자 기대했던 것 이상의 성과를 냈다. 2007년 20만 가입자 유치, 그 다음해에는 무려 100만 명이 가입하는 놀라운 성과를 거둘 수 있었다. 그 결과 LG데이콤은 오랫동안 넘을 수 없었던 KT의 벽을 무너뜨릴 수 있었다. 기존의 KT와 비교한다면 LG데이콤은 만년 2위의 사업자였지만, 인터넷전화 사업자로서는 당당히 1위로 올라서면서 그간의 설움을 한꺼번에 씻을 수 있는 계기가 되었다. 또한 이러한 과정에서 확보한 기술을 이용하여 신규 서비스인 IP TV 도입 시 품질을 보장할 수 있는 기술 기반을 마련했다. 뿐만 아니라 국내의 TV·인터넷·전화 서비스 사업자가 통합되고, 이 서비스들을 결합 상품 형태로 제공하는 시장의 흐름에 적절하게 대응할 수 있는 발판도 만들었다.

1996년 설립된 LG텔레콤(현재 LG U+)은 인터넷 서비스 오즈를 통해 정점을 찍었다. 오즈는 전쟁터를 옮겨 가치 창출에 성공했다. 당시 세계 최초로 CDMA 기술의 상용화에 성공했던 LG텔레콤은 그간의 기술력을 바탕으로 2008년 기준 전국 가입자 800만 명이라는 대기록을 세웠다. 하지만 이렇게 되기까지 LG텔레콤의 노력은 어떤 수식어로도 다 표현할 수 없다. 1999년 최초로 무선인터넷

상용 서비스를 실시했고, 2002년 업계 최초로 통화품질 보상 프로그램을 실시했다. 또한 그해 9월에는 '뱅크 온(Bank on)'이라는 모바일뱅킹 서비스를 시작하면서 본격적인 모바일 시대의 금융 서비스를 선도하기 시작했다. 여기에 신개념 엔터테인먼트 체험 공간인 'Phone&Fun' 매장을 오픈하면서 고객들에게 이전에 경험하지 못했던 새로운 모바일 세계를 선사하기도 했다. 그런데 이 과정에서 통신 시장의 패러다임이 조금씩 변화의 기미를 보였다. 2006년을 전후해 통신 네트워크가 3G로 바뀌어가기 시작하면서 과거 음성통화를 넘어서 새로운 세대를 이끌어갈 신 성장 동력이 필요했던 것이다. 당시 국내 이동통신 보급률은 이미 90%에 육박하고 있었다. 이미 이 시장은 포화 단계에 이르렀다는 의미이기도 했다. 새로운 전쟁터와 새로운 전략적 방법에 의한 가치 창출이 절실히 필요했다. 이때 다른 통신사업자들은 대부분 영상통화에 주력하고 있었다. 하지만 늘 새로운 가치에 목말랐던 LG텔레콤은 모두가 하고 있는 영상통화에 참여하는 것만으로는 만족하기 힘들었다.

수많은 내부 회의와 토론을 거쳐 결론이 도출되었다. 바로 무선데이터 사업에서의 가치 혁신이었다. 물론 당시 무선인터넷이 없었던 것은 아니었다. 하지만 무선인터넷 서비스는 철저하게 고객들에게 외면당하고 있었다. 전체 사용자의 63% 이상이 3개월 이내에 단 한 번도 무선인터넷을 사용하지 않았으며, 혹여 이를 이용하는 소비자의 경우 고작해야 벨소리, 게임에 극히 한정된 소비패턴을 보였다. 심지어 다수의 소비자들은 인터넷 접속 키를 돈 먹는 공포의 키로 인식하고 있었다. 혹여 실수로라도 누르지 않기 위해서 조심해야 하는 천덕꾸러기로 전락해 있었다. 천덕꾸러기를 새로운 시장으로 인식한 LG텔레콤은 이곳을 활성화시켜, 고객을 공략하는 목표를 세웠다. 우선 천덕꾸러기로 전락한 이유를 파악하기 위해 다방면의 조사가 이루어졌다.

조사 결과 세 가지 문제가 있었다. 속도가 느리다, 매력적인 콘텐츠가 없다, 요금이 비싸다라는 것이었다. 당시 무선인터넷 시장이 얼마나 황폐했는지 LG텔레콤 직원의 말에서도 확인할 수 있다.

"비싸다는 모바일인터넷이 우리 직원들에게는 무료였죠. 저도 신기해서 두 달 정도를 썼는데, 그 이후에는 주가밖에 안 봤어요. 볼 게 없었거든요. 고객 입장에서 보면, 우리는 정말 거저 줘도 안 쓰는 서비스를 고객들에게 비싸게 팔고 있었던 셈이죠. 말이 안 되죠."

당시 가장 큰 문제점은 바꿔야 한다는 필요성은 느끼는데 정작 어떻게 바꿔야 할지 모른다는 것이었다. 고객 니즈가 외부로 전혀 드러나 있지 않은 상황이라서 단순한 고객 인터뷰로는 그들의 니즈는 찾아낼 수 없었다. 심지어 이제까지 경험해보지 못했던 신개념 인터넷 서비스에 대한 이야기를 나눠야 했기 때문에 인터뷰를 하는 도중 고객들이 상상하게 만들어야 했다. 이 외에도 고객 니즈를 파악하면서 갖가지 난관에 봉착했지만 그럴 때마다 답은 역시 고객에게 있다는 사실을 상기했다.

"작업을 하면서 정말 귀에 못이 박이도록 들었던 말이 '고객에게 들어봐라', '고객이 원하는 것이 무엇인지 찾아라'였습니다. 그러다 보니 기술개발 자체보다 고객의 이야기를 듣는 것에 더 많은 시간이 할애했죠. 오즈가 외부 전문기관에서도 높은 평가를 받은 부분이 있다면 고객이 원하는 가치를 품질로 정확하게 구현했다는 점이었습니다."

그런데 실제 기술을 적용하는 시점이 되었을 때 LG텔레콤 팀은 끊임없는 한계에 직면했다. 고객에게 전혀 새로운 가치를 제공하려면 과거 그 누구도 시도하지 않았던 것들을 줄줄이 만들어내야만 했기 때문이다. 특히 고객들이 원하는 기대 수준은 당시 기술로는 휴대전화에서 구동할 수 없는, 다시 말해 컴퓨터에서만 운용되는 것들이었다. 그중에서도 이메일, 풀 브라우징(full browsing, 일반 컴퓨터가 아닌 휴대전화에서도 PC와 동일한 형태로 인터넷을 할 수 있는 서비스) 등은 최소 13인치 모니터에서 키보드로 입력해야 하는 작업들이었다. 결국 고객은 손 안의 컴퓨터를 원하고 있었던 것이다.

인터뷰와 설문조사를 통해 프로젝트팀이 반드시 개선해야 할 기능들이 세부적으로 도출되었다. 모바일에서도 많은 정보가 한눈에 보일 수 있는 가독성의 구현, 키보드 없이 입력과 페이지 이동이 자유로운 입력의 편의성, 원터치로 서비스에 쉽게 접근하도록 하는 단순 접근경로, 웹사이트에 빠르게 접속할 수 있는 속도 등이었다. 이 내용들을 본 기술자들은 입을 다물지 못했다. 그만큼 기술적으로 구현하는 것 자체가 어려웠기 때문이다. 당시 개발자는 LG전자에 이러한 기술적 구현이 가능한지 타진했다. 그리고 난색을 표했다.

"그때 LG전자에서는 '이게 말이 되냐'면서 기능을 요구하는 입장에서는 쉬워 보이지만 그런 기능들이 들어간 제품을 만드는 것은 굉장히 어렵다고 했죠."

하지만 분명한 목표가 있는 이상 불평할 틈은 없었다. 문제 해결을 위해 매진하는 것이 더 현명한 방법이라는 것을 경험으로 알고 있었다. 국내 처음으로 WVGA 부품이 들어간 2.8인치 이상의 대화면 LCD를 적용했으며, 조그 휠을 사용해 화면을 확대하거나 축소할 수 있는 기능도 확보했다. 단말기에 들어갈 칩(MAM 7500)을 퀄컴사로부터 들여와 여러 가지 오류를 수정했으며, 입력의 편의성을 높이기 위해 쿼티(QWERTY) 자판과 터치스크린 기술을 적용했다. 또한 단말기의 속도를 개선하기 위해 고 사양 CPU까지 탑재했다. 이 모든 것은 이전의 단말기에는 한 번도 적용하지 못했던 새로운 기술, 새로운 사양들이었다.

그러나 무엇보다도 힘들었던 것은 풀 브라우징 서비스였다. PC에서만 가능했던 풀 브라우징을 현실화하려고 하니 풀어야 할 문제들이 산적해 있었다. 하지만 풀 브라우징은 오즈 서비스의 정체성을 결정짓는 중요한 사안이었다. 국내 인터넷 서비스는 외국에 비해 동영상과 이미지가 많고 액티브-X 같은 별도의 구동 프로그램까지 혼재되어 있는 상황이었다. 휴대전화로 이 모든 것을 구현하려고 하다보니 아예 화면이 멈춰버리는 경우나 화면이 나타나는 데만 무려 40초 이상이 걸리는 웃지 못할 상황이 발생했다. 고 사양 PC에서도 5~6초가 걸리는데, 휴대전화에서 10초 내외를 목표로 했으니 처음부터 정복하기 힘든 프로젝트였는지도 모른다. 하지만 팀원들은 마른 걸레를 짜듯이 아이디어를 짜냈다. 서서히 성과가 나타나기 시작했다. 풀 브라우징의 속도가 1~2초씩 줄어들기 시작하더니 결국 15초까지 줄어든 것이다. 그러나 PC의 넓은 화면을 통해 인터넷을 사용하던 사람들이 작은 휴대전화 화면을 이용하면서 겪을 불편들을 감안하니 그 정도로 만족할 수 없었다. 소비자들이 원하는 것들을 알기 위해 인터뷰와 설문조사를 실시한 결과 그들은 쉽고 단순하게 인터넷에 접근하기를 원했다. 프로젝트팀은 또다시 이를 무조건 기술적으로 실현하자는 목표를 정하고 고민에 고민을 거듭했다. 그렇게 해서 위젯(widzet) 방식의 즐겨찾기를 통해 쉽게 접속할 수 있는 길 또한 열었다. 애초 불가능했던 일이 실제 구현되어 가시적인 성과를 내자 팀원들도 조금씩 희망을 가졌다.

프로젝트팀의 갖은 고생 끝에 드디어 오즈 서비스가 완성되어 갈 무렵 최종적으로 가격 결정만이 남았다. 그런데 이때에도 논란은 많았다. 팀원들은 고객들의 기대 가격을 조사한 결과 한 달에 6,000원~7,000원이면 적절하다는 의견을 내놓았다. 하지만 내부 반발이 거셌다. 경쟁사의 경우 데이터 정액요금제가 2만 8,000원에서 3만 9,000원 정도였다. 여기에 비해 고객들의 기대 가격은 너무 낮았다. 또한 투자비용 회수가 늦어지는 것에 대한 우려도 있었다. 하지만 프로젝트팀은 고객에게 반드시 차별화된 가치를 주어야 한다는 신념이 있었고, 그것은 결코 포기할 수 없었다. 이제까지 자신들을 이끌어왔던 궁극적인 목표를 서비스 출시를 얼마 앞두고 뒤집을 수는 없었다. 팀원들은 자신들의 신념을 지키기 위해 최종적으로 '그 가격에 당신 가족에게도 권할 수 있겠느냐'는 논리로 설득했다. 또한 서비스 요금이 인터넷 접속 키를 밑빠진 독으로 여기는 사람들의 생각 자체를 바꿀 수 있을 정도가 아니면 무의미하다고 재차 강조했다. 마지막까지 고객의 입장이 되어 결정하자는 간절한 호소였다. 팀원들의 노력으로 결국 최종 가격이 결정되었고 서비스가 개시되었다.

오즈 서비스에 대한 반응은 입이 벌어질 정도였다. 오즈 전용 단말기는 하루에 1,000대씩 개통이 되었고, 서비스에 대한 소비자와 언론의 호평이 이어졌다. 출시 100일 만에 26만 명이 오즈에 가입했고, 출시 1년이 되자 가입자는 63만 명에 육박했다. 그리고 드디어 2009년 말에는 100만 가입자를 돌파했다.

그뿐만 아니라 다음, 네이버 등의 인터넷 포털 서비스 업체도 과거와는 사뭇 다른 자세로 연락을 해왔다. 오즈 개발 초기 LG텔레콤은 개방형 서비스 구조를 그들에게 제안했지만 별 호응이 없었다. 하지만 오즈 서비스가 오픈되고 나자 개방형 사업 구조에 대한 믿음과 사업적 가능성에 대한 확신을 갖게 되었고, 그 후 본격적으로 모바일 인터넷 환경에서 최적화된 서비스를 공동 개발하기로 했다.

그간 영상통화에만 주력했던 경쟁사들도 뒤늦게 모바일 인터넷 쪽으로 관심을 옮겨 상품을 출시하기 시작했다. 결국 오즈 서비스는 국내 모바일 시장 자체의 팽창을 촉진하는 커다란 계기를 마련했고, 기업 입장에서는 방치되었던 시장을 블루오션으로 새롭게 활성화시켰다. 과거의 선도적인 가치 창출을 이어갈 수 있는 계기를 마련한 것이다. 그 누구도 시도하지 않았던 일을 끈질긴 노력으로 일궈냈기에 구성원들이 느끼는 뿌듯함은 남달랐다. 당시 팀원들의 후일담에는 힘든 목표를 훌륭하게 달성한 자부심이 한가득 담겨 있다.

"단말기 개발을 하면서 이거에만 미쳐 있었죠. 회사에 나오면 팀장님도 얼굴 보기 힘들다고 할 정도였으니까요. 그런데 점점 '하면 된다'는 생각이 들었습니다. 하면 된다는 말은 늘 들어왔던 말이잖아요. 실제 그걸 체험하니까 '진짜 하면 되는구나'라는 것을 체험할 수 있었죠."

"개발하는 과정에서 '이게 구현이 안 됐고요, 저게 구현이 안 됐습니다' 하는 소리를 들을 때마다 정말 포기하고 싶은 적이 많았죠. '내가 왜 이렇게 고생을 하면서, 욕은 욕대로 먹고 있을까' 하는 서글픈 마음이 들기도 했죠. 그런데 서비스가 출시되면서 우리를 칭찬하는 글이 굉장히 많이 올라왔어요. '휴대전화에서도 이런 것이 되는구나. LG텔레콤, 정말 대단하다' 등의 글도 있었죠. 그때는 가슴이 벅차올랐어요."

"개인적으로 내 이름을 걸고 세상에 내놓을 수 있는 작품을 꼭 만들고 싶은 것이 꿈이었어요. 오즈 서비스를 태동기부터 준비하고 론칭 프로젝트팀에 몸담았고, 요금에 대한 의사결정에도 참여하면서 '아, 오즈가 내 이름을 걸 수 있는 서비스구나' 하는 생각이 들었어요. 오즈가 출시되면서 인터넷 관련업계에 근무하던 주변 사람들이 그러더라구요. '너, 진짜 그럴 줄 몰랐다. 어떻게 그런 일을 할 수 있냐. 인터넷 관련 책을 쓰면 네 이름을 꼭 넣어줄게'. 제 인생에서 굉장히 보람 있는 순간이었어요."

새로운 고객 가치라는 금맥을 찾아나가는 과정은 늘 어둡고, 긴 굴을 힘들게 파나가는 과정이다. 생각하고 또 생각하고, 파고 또 파는 과정 속에서 결국 눈부신 금맥, 즉 고객 가치를 찾아낼 수 있다. 그러면 시장이 변화하고, 소비자가 변화하고, 그 과정에 참여했던 사람들도 변화한다. 기업이 지향해야 할 고객 가치는 이렇게 시장은 물론, 고객과 구성원들까지 모두 변화시키는 큰 힘을 지니고 있다.

LG Insight

선도 기업의 강점을 약점으로 전환시키기

치열한 경쟁상황에서 후발 기업이 선도 기업을 이기는 것은 결코 쉽지 않다. 선도 기업은 앞선 기술, 브랜드 명성, 막강한 유통망 등을 무기로 후발 기업들이 쉽게 범접할 수 없는 진입 장벽을 쌓은 후 시장을 방어하고 리드해나간다. 하지만 '영원한 1등은 없다'라는 말이 있듯이 게임의 룰을 바꿔 경쟁사의 기존 강점을 무력화시킴으로써 후발 기업들이 막강한 선도 기업들을 무너뜨린 사례를 종종 볼 수 있다. 럭키(현재 LG생활건강)의 샴푸 사례도 이러한 유쾌한 반란을 보여주었다.

1970년대 중반 샴푸 시장의 성장 가능성이 크다고 판단한 럭키는 본격적으로 시장 진입을 모색했다. 그러나 당시 샴푸 시장은 강력한 방문판매망을 구축하고 있던 경쟁사가 주도하고 있었다. 이러한 상황에서 럭키는 경쟁에서 승리하기 위한 다양한 방법들을 고민하기 시작했다. 우선 럭키는 비누나 주방세제 등의 관련 제품을 만들면서 축적된 기술을 바탕으로 외국 경쟁사에 비해서도 결코 떨어지지 않는 제품 개발에 주력했다. 특히 주황색의 투명 빛을 띤 샴푸를 다이아몬드처럼 각진 형태의 무늬를 가진 깨지지 않는 투명 용기에 담아냄으로써 제품의 고급 이미지를 부각시켰다. 제품명을 선정하는 데도 많은 고민과 논의를 거쳤다. 최종 제품명은 '유니나'로 결정하게 되었는데, 이는 순 우리말을 사람들이 발음하는 대로 표기해 소비자들이 흡사 외국어같이 느낄 수 있도록 하는 작명 방식의 효시라 할 수 있다.

한편 샴푸 시장의 공략을 위해 럭키는 무엇보다도 경쟁사의 강점을 무력화시킬 수 있는 빈틈을 찾기 위해 고민했다. 제품 출시 당시의 관건은 '어떤 경로를 통해서 고객들에게 다가갈 것인가'를 결정하는 것이었다. 기존 샴푸의 주 판매 채널인 방문판매의 경우, 단시간에 조직을 구축할 수도 없거니와 경쟁사가 워낙 강력한 우위를 점하고 있었기 때문에 설사 구축한다 하더라도 경쟁에서 이길 가능성이 없었다. 고민 끝에 슈퍼마켓과 백화점 등의 매스 마켓(Mass Market)을 주 판매 채널로 활용하기로 했다. 이는 방문판매의 높은 마진율 때문에 고가였던 샴푸 가격을 파괴하고 더 많은 사람들이 쉽게 제품을 접할 수 있도록 하는 효과도 가져올 수 있다고 판단했다.

유니나의 강점을 고객들에게 효과적으로 인식시키기 위해 신문 광고 카피에도 많은 신경을 썼다. '앉아 사면 2,000원 가서 사면 1,000원'이라는 이 카피는 고객들의 이목을 단번에 끌었고, 제품은 급속하게 팔려나가기 시작했다. 가까운 슈퍼에서 쉽게 살 수 있고 가격도 훨씬 저렴함을 한꺼번에 알린 셈이었다. 그리하여 불과 출시 1년 만에 샴푸 시장에서 경쟁사를 따돌리고 시장점유율 1위에 올랐고, 국내 샴푸 시장 규모를 3~4배 더 키우는 쾌거를 올렸다.

"방문판매 방식을 버리고 매스 마켓 채널을 선택한 것, 이를 통해 저렴한 가격으로 제품을 공급할 수 있었던 것이 기존 시장의 강자인 경쟁사를 넘어서고 시장을 확대할 수 있었던 주요 원인이었다."

경쟁사는 기존 채널을 훼손시키면서 바로 매스 마켓 채널로 따라오는 것이 쉽지 않았다. 따라서 럭키는 매스 마켓 채널에서 경쟁자가 없는 블루오션을 창출할 수 있었다. 또한 제품의 품질이 좋았고 값마저 쌌기 때문에 고객들이 선택을 하지 않을 수 없었던 것이다. 좋은 품질, 경쟁력 있는 가격, 그리고 기존의 경쟁 방식을 깨뜨릴 수 있는 차별적인 전략이 어우러진다면 후발 기업이 선도 기업을 무너뜨리는 것이 결코 꿈만은 아닐 것이다.

chapter 23

다람쥐 패러독스에서 벗어나는 법

바뀐 패러다임에서 숨 쉬고 뛰어놀아라

늘 쳇바퀴 안에서 맴돌던 다람쥐들이 회의를 시작했다. 핵심 논제는 '왜 우리는 달려도 달려도 그 자리인가'였다. 다람쥐들 사이에서는 수많은 이야기가 나왔다. 어떤 다람쥐는 우리가 빠르지 못하기 때문이라고도 했고, 또 어떤 다람쥐는 방향을 잘못 잡은 것 아니냐, 뛰는 방식을 한번 바꿔보자는 의견도 나왔다. 하지만 아무리 이런저런 방법을 실천해봐도 다람쥐들은 앞으로 전진할 수 없었다. 그러던 중 한 다람쥐가 이야기했다.

"혹시 우리가 늘 그 자리를 맴돌도록 구조화되어 있는 것은 아닐까?"

자신들의 속도나 뛰는 방식, 방향 설정 등 내부적인 문제로만 치부했던 다람쥐들은 그의 말이 쉽게 이해되지도 않았다.

"도대체 그게 무슨 말이야?"

"우리에게 문제가 있는 것이 아니라 우리가 달리고 있을 때, 우리를 늘 그 자리에 있도록 만드는 '외부적인 무언가'가 있지 않느냐는 말이야. 만약 그것이 일직선으로 되어 있다면 우리는 앞으로 달려갈 것이고, 삼각형으로 되어 있다면 삼각형으로 움직이겠지. 그런데 지금은 그것이 둥글게 되어 있기 때문에 우리는 늘 제자리에만 있는지도 몰라."

이 똑똑한 다람쥐는 단단하게 고정되어 자신들을 가두고 있는 일종의 패턴을 간파했다. 이른바 패러다임의 문제를 지적한 것이다.

이제 갓 입사한 신입사원에서부터 최고경영자까지, 수많은 이들이 혁신과 창조를 이야기한다. 그들은 방법론뿐만 아니라 구성원들의 심리적인 문제까지 분석하면서 혁신과 창조, 새로운 고객 가치를 위한 노력을 게을리하지 않는다. 하지만 자신들의 생각과 행동을 패턴화시켜 문제 자체를 인식하지 못하게 만드는 과거의 패러다임 자체를 부수지 않고서는 그러한 노력은 수포로 돌아가기 일쑤이다. 패러다임이 한 번 깨져야만 구성원들의 마음과 사고가 자유로워질 수 있다. 자유로운 상태에서는 이제껏 자신들이 제안할 수 없었고, 느낄 수 없었던 것을 제안하고 느끼게 된다. 그리고 새로운 사고와 느낌들이 구체화되어 혁신과 창의가 된다.

수많은 사람들이 스티브 잡스가 만들어낸 아이폰 디자인에 열광했다. 그리고 그의 뛰어난 프레젠테이션 방식에 감동한다. 예전에는 보지 못했던 창의적인 방식의 디자인과 프레젠테이션은 많은 이들에게 강한 인상을 남겼으며, 그는 이제 창의성을 대표하는 아이콘이 되었다. 스티브 잡스는 어떻게 창의적인 사고를 할 수 있었던 것일까? 스티브 잡스가 선불교의 가르침에 일찍 눈을 떴기 때문이다.

'비본질적인 것들은 버리고 깨달음에 직접 다가가라'는 선불교의 가르침은 화려한 모양과 색깔, 버튼을 모조리 없애는 단순하고 파격적인 디자인을 만들어냈다. 또한 '당신의 가슴, 그리고 직관이야말로 당신이 진정으로 원하는 것을 잘 알고 있다'는 가르침은 스티브 잡스가 영감을 통해 제품의 콘셉트 및 형상을 스스로 정하도록 했다. 심플하고 단순한 것을 추구하는 선불교를 접했기 때문에 럭셔리, 다기능, 화려함 등 기존 방식과 패턴에서 벗어나 전혀 다른 차원으로 이동할 수 있게 된 것이다. 다람쥐들이 쳇바퀴를 벗어나기 위해서는 자신을 가두고 있는 패러다임을 부숴야 하는 것처럼 창의적이고 혁신적인 사고를 하기 위해서는 스스로의 고정관념, 즉 틀을 깨야 한다.

무언가 새로운 것을 창조한다는 것은 기존의 낡은 생각을 파괴하는 것을 의미한다. 그리고 기존에는 전혀 생각하지 못했던 방식으로 고객의 마음속으로 직관적으로 들어간다는 것을 의미한다.

LG하우시스의 환기창 개발 과정은 이러한 기존의 패러다임이 어떻게 부서지는지, 그리고 그 파괴 속에서 어떻게 새로운 가치들이 피어나는지 여실히 보여주는 사례이다.

2008년 LG하우시스는 창호 분야에서 새로운 시장을 창조하기 위한 결의를 다지고 본격적인 시장 분석에 들어갔다. 분석 결과 하우시스 팀원들은 시장을 차별화하기 위해서는 시장 접근 방법 자체가 달라야 한다는 사실을 깨달았다. 당시 시장의 룰을 살펴봤더니 '가격 대비 성능'이라는 것에 초점이 맞춰져 있었다. 즉, 가격과 성능에 따라서 제품군이 형성되어 있었다. 사실 이런 게임의 룰에서 관건이 되는 것은 기술이다. 누가 더 뛰어난 기술을 가지고 있느냐에 따라서 성능이 좋았고, 그에 따라 가격은 높아졌다. 즉 기존 시장은 '기술-성능-가격'이라는 패러다임 안에서 견고한 하나의 패턴을 형성하고 있었던 것이다. 이를 뒤집어 생각하면 기존 시장을 압도할 만한 새로운 시장과 고객 가치가 아직 없다는 것을 의미했다. 즉, 가격 대비 성능이라는 기존의 틀을 깰 수 있는 새로운 룰을 제시하면 승산이 있다는 이야기였다.

이때부터 LG하우시스 팀원들은 기존 룰을 지배하고 있던 패러다임을 깨는 작업을 시작했다. 당시 한 팀원의 이야기는 이러한 과정이 얼마나 치열했는지 단적으로 보여준다.

"물론 경쟁사들도 고민을 했겠죠. 하지만 아마 우리처럼 무식하게 하지는 않았을걸요."

스스로도 무식한 방법이라고 말하는 방법은 어떤 것이었을까? 그것은 바로 '3개월간의 무제한 아이디어 내기와 토론'이었다. 일단 숙식을 함께하기 시작한 첫 3일간은 아무런 비판없이 아이디어만 내기 시작했다. 마인드를 오픈하고 제한없이 자신의 생각을 거침없이 말했다. 이것들을 모두 자료화시킨 후에는 보드에 포스트잇을 붙여 그룹핑 작업을 하면서 사안의 중요도에 따라서 하나하나 토론을 해나가기 시작했다. 이 과정은 기존의 사고 방식을 원천적으로 바꾸는 매우 중요한 작업이었다고 할 수 있다.

또 토론은 외부에서도 적극적으로 이루어졌다. 실제 고객이나 건설사들을 쫓아다니면서 심층 인터뷰를 진행했다. 진지하고 심도 깊은 인터뷰를 통해 생각했던 것보다 훨씬 많은 정보들을 얻을 수 있었다. 인터뷰 결과를 통해 내외부 의견을 조율하고, 그 안에서 시장을 차별화할 수 있는 방법을 찾는 작업을 병행했다. 그 과정에서 LG하우시스 팀원들은 시장의 판도를 바꿀 수 있는 매우 중요한 핵심 정보들을 얻을 수 있었다.

기존 패러다임을 깰 수 있는 외부적 계기를 도입하라

앞에서도 언급했지만 기존 시장은 '기술-성능-가격'이라는 단일한 패러다임으로 패턴화되어 있었다. 그러나 당시 LG하우시스 팀원들은 시장조사 과정에서 고객들이 기존 환기창을 사용하면서 느끼는 불편한 점을 들을 수 있었다. "외출하면서도 환기를 하고 싶은데 도둑이 들까봐 창문을 열어둘 수 없어요", "장마철에도 비바람 걱정없이 꿉꿉한 냄새를 환기시키고 싶어요", "날씨가 추울 때는 창문을 열어둘 수 없어요" 등 다양했다. 이는 기존 패턴을 흔들어놓을 수 있는 욕구라고도 할 수 있었다.

시장조사 후 LG하우시스 팀원들은 모여 "문을 열어야만 꼭 환기를 시킬 수 있을까? 문을 열지 않고 환기시킬 수 있는 방법은 없을까?"를 고민하기 시작했다. 기존에 없는 것을 끌어들여 새로운 패러다임을 만들어내고자 했던 것이다.

패러다임은 여러 가지 방법으로 변화될 수 있다. 기존의 것에서 뭔가를 수정하거나 첨가하거나 아니면 아예 삭제하는 것도 유용한 방법론 중 하나이다. 그러나 그중에서도 가장 충격적인 방법은 바로 '거꾸로 방식'이다. 고객들도 언급했지만 당시만 해도 창문과 환기는 주종 관계였다. 즉, 창문을 열면 환기가 되고, 창문을 닫으면 환기가 안 된다. 고객들의 니즈를 파악했던 LG하우시스팀이 만들어낸 콘셉트는 창문을 닫아도 환기가 되는 창문, 다시 말해 환기창이었다. 이는 당시 매우 쇼킹한 발상이었다. 실과 바늘처럼 떼려야 뗄 수 없던 환기와 창문을 역발상을 통해서 완전히 분리해 각각 존재할 수 있도록 한 것은 혁신적인 패러다임의 변화라고 할 수 있다.

고객의 마음을 읽으면 전혀 다른 게임이 시작된다

당시 LG하우시스 팀원들이 매달렸던 이슈는 환기 그 자체였다. 어떻게 하면 공기를 잘 통하게 할 수 있을까, 어떻게 하면 외부의 나쁜 공기를 차단할 수 있을까라는 지점에서만 고민이 머물러 있었다. 그런데 팀원들은 고객과의 인터뷰를 통해서 소중한 사실을 깨달을 수 있었다. 그것은 고객이 진정 원하는 것은 환기 그 자체가 아니라 건강이었던 것이다.

당시 만난 한 고객은 딸아이의 아토피가 심해서 모든 인테리어 자재를 친환경 소재로 바꾸었다. 산호로 된 벽돌, 황토벽지는 물론이고, 쌀도 집에서 직접 도정해서 먹고 있었다. 그러다 보니 자연스럽게 환기에 대한 생각도 많았던 것이다. 그를 인터뷰한 후 든 생각은 '환기는 건강이다'였다. 이제까지는 어떻게 환기가 잘 되는 창문을 만들 것인가를 고민했는데, 그 이후에는 어떻게 건강을 지킬 수 있는 창문을 만들 것인가를 고민하기 시작했다. 이 두 질문은 엇비슷해 보이지만 실제로 제품 개발 당시 큰 차이를 낳았다.

예를 들어, 이러한 인식의 차이는 환기 제품에 대한 당시의 시장 판단에 적지 않은 영향을 미쳤다. 환기 제품에 대한 시장은 기존에도 있었다. 특히 2006년 이후에는 공동주택에 천장 매립 공조주택 시스템을 설치하도록 법으로 제정되었다. 만약 LG하우시스팀이 환기라는 것에만 초점을 맞췄다면 기존의 시장에 겁을 먹은 채 환기를 창호와 어떻게 연관시킬지 머리를 싸맸을 수도 있었다. 하지만 환기의 차원이 아닌 건강의 차원으로 바라보자 문제의 해결 방식이 완전히 달라졌다. 기존의 공조주택 시스템이 오히려 LG하우시스에게 도움이 되는 존재가 되어버렸다. 당시 공조주택 시스템의 배관은 환기를 시켜줄 수는 있어도 그 안에 먼지가 쌓이게 되면 오히려 건강을 해치는 '헌집 증후군'을 유발할 수 있었던 것이다. 건강을 생각하는 LG하우시스템의 환기창이 빛을 발하는 순간이었다. 이는 환기의 차원이 아니라 건강의 차원에서 생각했을 때에만 가능한 판단이었다.

이렇듯 핵심적인 패러다임이 변하기 시작하자 그 이후의 추가적인 아이디어는 줄줄이 나왔다. '창호에 환기를 무조건 빌트인(built-in) 시키자', '고객이 아름다움을 느낄 수 있는 제품이 되어야 한다', '환기를 소형화시키자, 괴물이 되어서는 안 된다', '환기

에 라이팅을 넣자', '궁극적으로는 창문에 에어컨까지 넣으면 어떨까?'

패러다임이 바뀌면 누구나 창조자가 될 수 있다. 그리고 바뀐 패러다임 속에서 자유롭게 상상하고 마음껏 즐기면 그것이 바로 혁신이 되고 창의가 된다.

LG Insight

격렬한 아이디어 논쟁을 즐기는 법

아이디어 회의를 하다보면 여러 가지 문제가 발생한다. 첫 번째는 회의가 논쟁으로 변해가면서 애초 의도했던 목표에서 벗어나게 되는 것이다. 두 번째는 논쟁을 하면서 자존심에 상처를 입을 수 있다. 특히 회의 자체가 격렬해질수록 상처도 깊어지게 마련이다. 그러다 보면 회의가 싸움이 되는 경우도 생긴다.

그렇다고 회의를 하지 않을 수는 없다. 합리적으로 회의하는 방법은 무엇일까? 우선 회의를 전체적으로 총괄하는 상사의 태도와 자세가 중요하다. LG하우시스팀은 3개월이라는 아이디어 회의를 하면서 목표를 잃거나 서로에게 상처주는 행동을 하지 않았다. 당시 회의에 참석했던 한 팀원의 이야기를 들어보자.

"사실 싸움도 많았다. 아랫사람이 상사에게 대드는 경우도 있었다. 회의가 거듭될수록 스트레스가 쌓였기 때문이다. 그런데 이상하게도 후유증은 전혀 남지 않았다. 그게 무슨 이유일까, 하고 나중에 생각해봤더니 그건 바로 모두에게 공동의 목표가 있었고 그 목표를 향해 모두 최선을 다하자는 공감대가 형성되어 있었기 때문에 가능했다. 서로 싸우고 자존심에 상처를 입는 것은 회의 과정에서 생겨나는 부수적인 일에 불과하다. 그런데 이 부수적인 것이 정말로 부수적인 것으로 남기 위해서는 진심에서 우러나오는 목표에 대한 공감대와 열정이 있어야 한다. 우리 팀은 나름대로 다들 중심을 잘 잡고 있었고, 논쟁 자체도 깊이가 있는 울림이었기에 트러블은 없었다."

이때 상사가 해주어야 할 일은 명확하다.

- 모두가 공동의 목표에 대해서 충분히 각인할 때까지 상황을 설명하고 알려줄 것. 이것이 담보되지 않는 상태에서는 회의 자체가 생산적이지 못할 가능성이 높다.

- 구성원 각자에 대한 비전 제시를 통해 이들이 진심으로 그 목표에 동의하고 수긍하고, 스스로 자발적인 열정을 낼 수 있는 상태로 만들 것. 역시 이것이 제대로 이뤄지지 않을 때 아이디어 회의는 논쟁을 넘어 싸움이 되고 상처가 될 뿐이다.

| Epilogue |

LG, 그곳에 '사람'이 있었다

● 많은 기업들이 '기업의 최고 자산은 사람'이라고 말한다. 하지만 본질적으로 그 말의 함의는 틀렸다. 사람은 기업이 가지고 있는 자산의 일부가 아니라 사람 자체가 기업이다. 사람이 없는 기업은 텅 빈 사무실과 소리 나지 않는 공장, 아무도 손대지 않는 부품들이 있을 뿐이다. 그 모든 것들은 사람이 있어야 운용이 가능하고, 의미를 지닐 수 있다.

LG를 분석하는 과정에서 가장 인상 깊었던 것은 그들의 경영철학이 지향하는 면면이 모두 '사람'을 향하고 있다는 점이었다. 기업의 근원이 되는 인간존중의 경영철학은 물론이고, 고객들에게 새로운 경험을 선사하는 고객 가치 창조 경영, 그리고 국민들에게 사랑받고자 하는 정도 경영까지. 곳곳에 사람이 있고, 사람을 향하고, 사람을 위한 것들이다. LG 로고가 미소를 띤 사람의 얼굴이라는 것 역시 우연의 일치가 아닐 것이다.

그동안 우리 사회에는 기업들의 비인간적인 활동이 알려지면서 대기업이라고 하면 부를 축적하기 위해 사람을 수단으로 활용하는 냉혹한 집단이라는 의식이 있었던 것도 사실이다. 하지만 이를 사람들의 오해와 편견이라고만 치부하기도 어렵다. 실제로 그간 많은 기업들이 몰지각한 형태를 보여주었고, 또 그것을 기반으로 성장해온 것이 사실이기 때문이다. 하지만 최소한 LG 경영진들은 모든 것의 중심에는 사람이 있어야 한다는 사실을 명확히 알았고, 그것만이 영속적이며 승부근성이 강한 기업을 만드는 방법임을 확신하고 있었다.

이제껏 수많은 기업들을 만나 취재를 해왔지만 LG만큼 독특한 사내 문화를 가지고 있는 기업을 만나기는 힘들었다. 그들과의 작업을 통해 자유롭고 격식이 없는 창의적인 조직의 모습, 그리고 상사가 부하를 존중할 줄 아는 배려의 문화를 발견하는 유쾌한 경험을 할 수 있었다.

LG경영개발원은 이 책의 집필에 큰 역할을 해주었다. 외부인인 필자의 협소한 시야를 넓혀주었고, 과도한 해석을 경계해주었으며 충실한 자료 제공으로 종합적인 판단을 할 수 있도록 도와주었다. 그런 점에서 LG경영개발원은 이 책의 또 다른 저자이다.

LG가 걸어왔던 길(LG Way), 그들이 가진 독창성과 창의적인 혁신 기업으로서의 면모가 앞으로도 오랫동안 변하지 않기를, 그래서 지금보다 더 당당하게 '한국인이 만든 최고의 글로벌 혁신 기업'으로 자리매김하길 기대한다. 그러나 무엇보다 LG인들의 기술 역량과 창의적인 도전으로 내부 직원들과 많은 국민들이 '인생은 행복하다(Life is Good)'는 것을 느낄 수 있도록 해주었으면 하는 바람이다. 그것이 곧 모든 사람들이 최종적으로 지향하는 바이기 때문이다.

이남훈

국립중앙도서관 출판시도서목록(CIP)

고객이 생각하지 못한 가치를 제안하라: 가치 혁신을 통해 글로벌 시장을 장악한 LG style의 비밀 / 이남훈 [지음].
-- 서울: 가디언, 2011
p.; cm

ISBN 978-89-94909-16-5 03320 : ₩13000

기업 경영[企業經營]

325.1-KDC5
658.401-DDC21   CIP2011002710

고객이 생각하지 못한
가치를 제안하라

초판1쇄 발행 2011년 7월 15일
초판3쇄 발행 2012년 12월 12일

지은이   이남훈
펴낸이   신민식

책임편집 김미란
편집   황남상 · 경정은
디자인   신동기
마케팅   계소영
경영지원 김경희

펴낸곳   가디언
출판등록 2010년 4월 27일
주소   서울시 마포구 서교동 394-66 동우빌딩 3층
전화   02-332-4103(마케팅)   02-332-4104(편집실)
팩스   02-332-4111
전자우편 gadian7@naver.com   블로그   http://blog.naver.com/gadian7
인쇄 · 제본 (주)상지사 P&B   출력   경운출력   종이   월드페이퍼(주)

ISBN 978-89-94909-16-5 03320

* 책값은 뒷표지에 있습니다.
* 잘못된 책은 구입한 곳에서 바꿔드립니다.
* 이 책의 전부 또는 일부 내용을 재사용하려면 사전에 가디언의 동의를 받아야 합니다.
* 이 책의 저작권은 LG경영개발원에 있습니다.